Wanderführer
Sächsische Schweiz

Schönster Teil
des Elbsandsteingebirges

W0049133

Die schönsten Wanderungen
- ● Rundwanderungen
- ● Streckenwanderungen
- ● Spaziergänge und Ausflugsziele

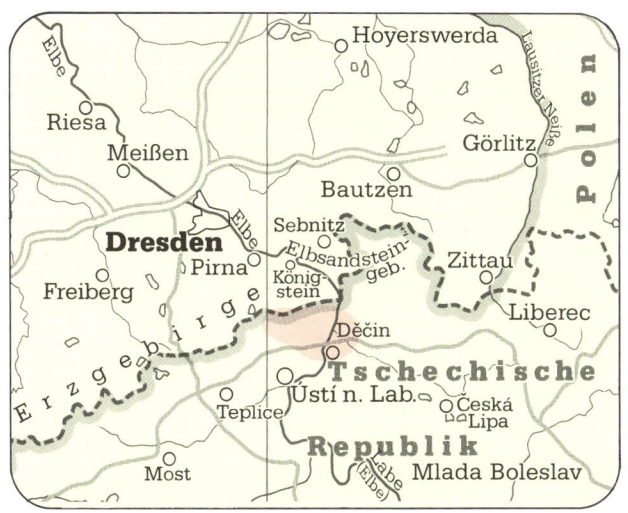

Wanderführer
Sächsische Schweiz

Schönster Teil
des Elbsandsteingebirges

Ausgewählt, begangen
und beschrieben
von Norbert Forsch

Deutscher Wanderverlag
Dr. Mair & Schnabel & Co. · Stuttgart

Die große Wanderbuch-Reihe
für grenzenloses Wandern

Gesamte Kartographie:
Ing.-Büro Adolf Benjes

Umschlagbild:
Basteibrücke
(*Foto:* Michael Klees)
und Bild auf Seite 2:
Kirnitzschklamm
(*Foto:* Michael Klees)

4. Auflage 2000

ISBN 3-8134-0233-9

© 1991. **Deutscher Wanderverlag Dr. Mair & Schnabel & Co.,**
Gutenbergstraße 13, D-73760 Ostfildern (Kemnat)
E-mail: kompass@deutscher-wanderverlag.de
www.deutscher-wanderverlag.de
Alle Rechte, auch die der photomechanischen Wiedergabe
und der Übersetzung, vorbehalten.
Satz: Gerda Kaul, D-73240 Wendlingen
Druck: Siegfried Roth, D-73277 Owen/Teck
Printed in Germany

Gedruckt auf 100% chlorfrei gebleichtes Papier

INHALT

Rundwanderungen

Schwedenlöcher (Foto: Michael Klees)

Streckenwanderungen

Spaziergänge und Ausflugsziele

Untere Bootsstation der Tycha souteska (Edmundsklamm) in der Tschechischen Republik   (Foto: Norbert Forsch)

Orts- und Sachverzeichnis

mit Nummernangaben der betreffenden Wanderungen.
Schräggedruckte Zahlen weisen auf eine Kurzbeschreibung im Text hin.

Vor der Hickelhöhle   (Foto: Norbert Forsch)

Felsenburg Neurathen auf der Bastei   (Foto: Michael Klees)

Aufstieg zur Bastei   (Foto: Michael Klees)

Felsen der Bastei   (Foto: Norbert Forsch)

Mehr Freude am Wandern
Ein paar hilfreiche Tips

Wandermöglichkeiten:
Überall in der Nähe werden Sie einen geeigneten Wanderweg finden. Denn nahezu jeder Kreis, jede Stadt oder Gemeinde haben Wanderwege angelegt.
Besorgen Sie sich auch das jährlich erscheinende Verzeichnis des Deutschen Jugendherbergswerkes. Es enthält nicht nur alle wichtigen Anschriften und Jugendherbergsorte, sondern auch zahlreiche Hinweise auf Ferien und Abenteuerferien mit dem DJH in mehr als 30 Ländern der Welt.

Schuhwerk
Es muß nicht gleich der teuerste Wanderschuh sein – aber passen muß er. Zu enge, drückende Schuhe machen das Wandern genauso zur Qual wie zu weite oder zu leichte Schuhe, die dem Fuß keinen Halt geben.
Grundregel: Solide, wasserdichte Wanderschuhe.
Leichte Sandalen für den Aufenthalt in der Jugendherberge und für Spaziergänge.

Kleidung
Nach dem Wetter schauen sollten sie – danach richtet sich, was Sie anziehen, zu jeder Jahreszeit. Grundsätzlich sollten Sie warme, aber leichte Bekleidung wählen. Ein winddichter Anorak kann auch einmal in der Hand oder um die Hüfte getragen werden, wenn es unterwegs zu warm wird. Wenn Gepäck, dann auf das Nötigste beschränken und in den Rucksack damit. Mit freien Händen macht Wandern mehr Spaß.

Rucksack
Beim Kauf darauf achten: Selbst ein großer Touren-Rucksack sollte nicht mehr als 2000 Gramm wiegen und möglichst rückenfrei mit Tragegestell sein. Er kann nicht genug Taschen haben. Mit Inhalt gelten 25 Pfund als Gewichtsgrenze! Eine alte Faustregel sagt: Ein Rucksack ist dann zu schwer, wenn er als schwer empfunden wird.

Nicht vergessen
Jugendherbergsausweis und Krankenschein, damit bei einem (hoffentlich nicht eintretenden) Krankheitsfall der Besuch beim Arzt erleichtert wird.
Für kühle Abende: Pullover oder Strickjacke. Außerdem Strümpfe (Wolle oder Baumwolle), Unterwäsche zum Wechseln, Waschzeug, Taschen-Regenschirm, Schreibzeug, Liederbuch, Gitarre oder Mundharmonika, Leinenschlafsack oder zwei Bettlaken, Feldflasche.

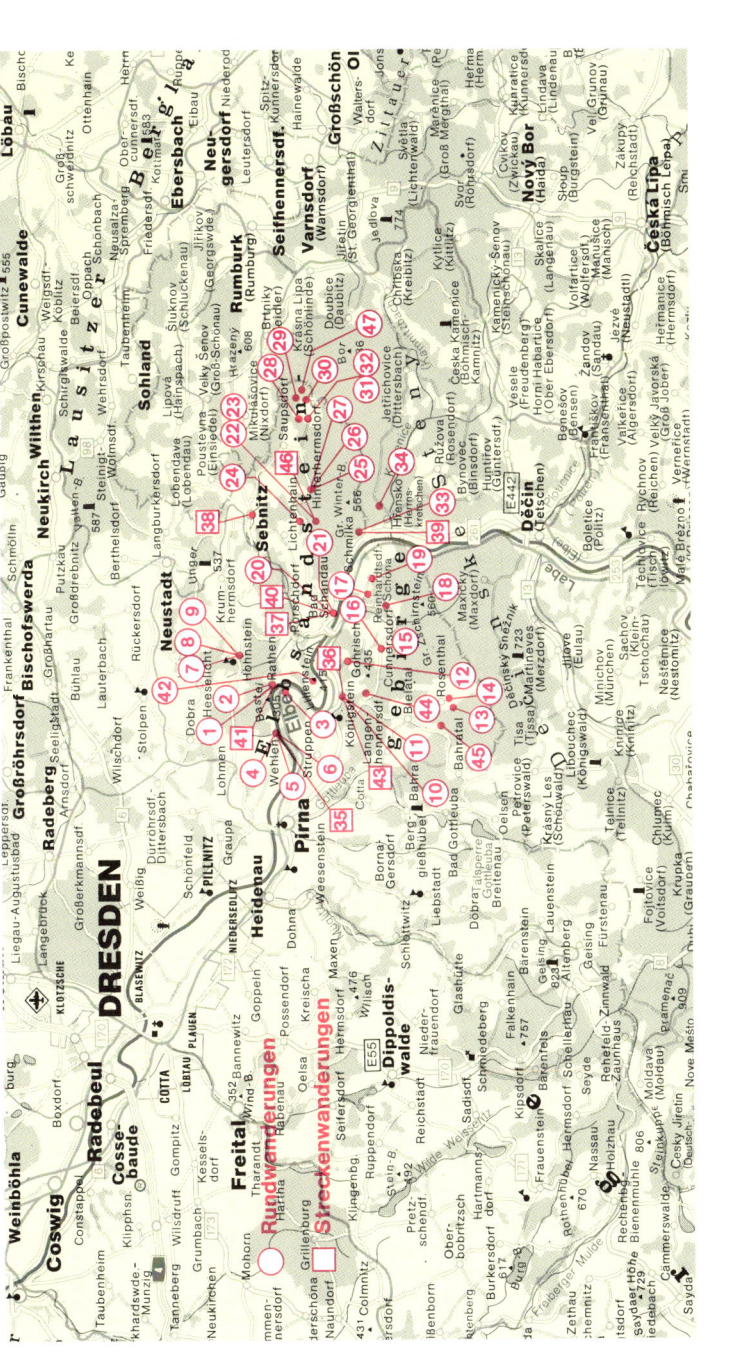

Vorwort

Um die Wende des 19. Jahrhunderts bildete sich die gefühlvolle und phantastische Welt der Romantiker. Sie suchten für den neuen Menschen eine märchenhafte Landschaft und fanden sie östlich von Dresden. Maler wie Caspar David Friedrich und Ludwig Richter entdeckten sie zuerst. Ihre Bilder wurden mit Neugier und Begeisterung aufgenommen. Maler gaben ihr auch einen Namen. Die Schweizer Anton Graff und Adrian Zingg, die an der Dresdner Kunstakademie lehrten, sandten ihren Freunden Grüße aus der »Sächsischen Schweiz«. Überraschend setzte sich dieser Name durch und hat sich entgegen allen Einwänden der Geographen bis heute erhalten.

Nach den Malern kamen wohlhabende Reisende. Ihr Weg wurde durch zwei Pfarrer geebnet. Carl Heinrich Nicolai veröffentlichte 1801 den ersten Wanderführer. Drei Jahre später erschien Wilhelm Leberecht Götzingers berühmtes Werk »Schandau und seine Umgebungen oder Beschreibung der sogenannten Sächsischen Schweiz«. Damals gab es kaum befestigte Straßen, von Wanderwegen und Wegweisern ganz zu schweigen. Die Reisenden kamen von Dresden über die Elbe nach Pillnitz und zogen durch den Liebethaler Grund nach Lohmen. Sie folgten der sogenannten Malerstraße durch den Uttewalder Grund zur Bastei, erkundeten die Umgebung von Hohnstein und reisten über Schandau durch das Kirnitzschtal zum Lichtenhainer Wasserfall. Hier wurden sie von Sesselträgern und Saumtierführern erwartet. Hier sammelten sie sich, um über den Fremdenweg zum Großen Winterberg und weiter zum Prebischtor in der heutigen Tschechischen Republik zu reisen.

Heute trennt eine Staatsgrenze den Elbsandsteingebirge genannten geographischen Raum zwischen Erzgebirge und Lausitzer Gebirge, der beidseitig der Elbe bis nach Böhmen reicht. Sächsische Schweiz wird nur das in Sachsen liegende Gebiet genannt. Es umfaßt rund 380 Quadratkilometer. Wild zerklüftete Felsmassive mit furchterregenden Schluchten überragen dichte Wälder. Wasserläufe eilen durch lauschige Täler. Imposante Tafelberge ragen wie Inseln aus den Ebenheiten.

Die Entstehung der Landschaft läßt sich 100 Millionen Jahre zurückverfolgen. Damals, in der Oberen Kreidezeit, war das Land vom Meer überflutet. Sand und Schlamm lagerten sich zusammen mit Kalkschalen abgestorbener Meerestiere auf dem Meeresboden ab und bildeten in einem langen Prozeß eine 600 Meter dicke Sandsteinplatte auf einem Untergrund von Granit. Ende der Kreidezeit hob sich der Meeresboden. Das Wasser floß ab. Wasserläufe und Wind gruben sich tief in den weichen Sandstein ein. Vor etwa 70 Millionen Jahren, im Erdzeitalter Tertiär, wurde der Untergrund aus Granit gehoben, von Osten her an die Sandsteinplatte gepreßt und teilweise darübergeschoben. Diese Erdbewegung wird Lausitzer Störung genannt. Sie grenzt den Lausitzer Granit scharf vom zerklüfteten Sächsischen Sandstein ab. Die Granitlandschaft erkennt man an den weichen Übergängen von Feldern, bewaldeten Kuppen und breiten Tälern. Hohnstein liegt im Zentrum dieses Grenzbereiches. Auch das Erzgebirge im Süden hob sich an. Es stellte die aufliegende Sandsteinplatte nach Südwesten schräg. Durch Bruchstellen quollen flüssige Basalte empor und bildeten Kuppen. Diese Vulkankegel werden Berge genannt. Durch Erosion entstandene Sandsteinformationen heißen Steine. Großer Winterberg und Lilienstein sind hier als typische Vertreter zu nennen. Abschließend gestalteten aus dem Norden vordringende Gletscher das Land. Sie brachten Geröll und Lehm, der sich als fruchtbarer Boden auf den Ebenen abgelagert hat. Diese Erdbewegungen schufen eine von raschen Übergängen gekennzeichnete Dreiteilung der Landschaft.

Die *Vordere Sächsische Schweiz* ist flach gewellt und nimmt etwa ein Viertel des gesamten Raumes ein. Sie beginnt bei Pirna. Mit der sich anschließenden *Zentralen Sächsischen Schweiz* beginnt ab Stadt Wehlen das interessante Wandergebiet und der am stärksten besuchte Teil der Region. Er nimmt über die Hälf-

Bastei von Rathen aus   (Foto: Michael Klees)

te des Elbsandsteingebirges ein. Rechtselbisch ragen mächtige Steine empor. Dieses bewaldete und dünn besiedelte Gebiet wird im Norden durch die Lausitzer Störung begrenzt. In den fruchtbaren linkselbischen Ebenen ist Landwirtschaft ein prägendes Element. Gegen Westen wird der linkselbische Teil wieder gebirgig und stößt an die Grenze zur Tschechischen Republik. Rechtselbisch schließt sich gegen Osten die dünn besiedelte *Hintere Sächsische Schweiz* an. Sie nimmt den kleinsten Raum ein und wird auf drei Seiten von der Grenze der Tschechischen Republik umschlossen. Ihre dichten Wälder wirken einsam und geheimnisvoll. Lauschige Täler verbergen sich in einer wild zerklüfteten Felsenwelt.

Das Elbsandsteingebirge erhebt sich nur 300 bis 500 Meter über den Meeresspiegel. Dennoch wirkt es sehr hoch. Es nimmt klimatisch eine Sonderstellung ein. Der Sommer in den Höhenlagen ist mild, der Winter kalt. In den tiefen Schluchten sind die Sommer kühl und die Winter mild. Hier herrscht sogenanntes Kellerklima. Die Vegetation hat sich angepaßt. Wir finden eine Umkehrung der üblichen Waldhöhenstufen. In Höhenlagen, wo die Forstwirte keine Fichtenkulturen angelegt haben, gedeihen noch ortstypische Laubwälder. In den Tälern dominieren Farne und Moose. Hier wachsen viele Pflanzen, die ansonsten in Deutschland nur in höheren Lagen beheimatet sind. Viele einheimische und wieder eingebürgerte Tierarten haben sich in streng geschützte Reservate zurückgezogen.

Das Elbsandsteingebirge ist nicht nur ein herrliches Wandergebiet, es ist auch Ziel vieler Bergsteiger. Sie blicken auf eine lange Tradition zurück. 1864 wurde von Schandauer Turnern der Falkenstein bestiegen. Heute sind mehr als tausend Klettergipfel registriert. Geklettert wird nur an freistehenden Felsen. Der weiche Sandstein darf nicht verändert werden. Ausnahmen bilden Sicherungsringe, die bei Erstbesteigungen geschlagen werden.

Das Elbsandsteingebirge ist eine sehr sensible Landschaft. Sie ist durch Verwitterung entstanden. Dieser stetig andauernde natürliche Prozeß kann nicht aufgehalten werden. Rücksichtsloses Verhalten des Menschen kann ihn jedoch zerstören. Der Mensch hat bereits maßgeblichen Einfluß auf die jetzige Gestalt des Gebirges genommen. Sandstein wurde in großen Mengen abgebaut. Er fand Verwendung für die Basteibrücke, die Festung Königstein, das Brandenburger Tor in Berlin und für die prächtigen Bauwerke in Dresden und Meißen. Er wurde bis nach Kopenhagen und Antwerpen verschifft. Das Steinebrechen wurde aufgegeben. Heute steht der Schutz vor Erosion durch

Massentourismus, Baumsterben und saurem Regen im Vordergrund.

Bereits 1956 wurde die Sächsische Schweiz zum Landschaftsschutzgebiet erklärt. Die Volkskammer der ehemaligen DDR verabschiedete 1990 ihr letztes Gesetz vor der Vereinigung Deutschlands, die Festsetzung von fünf Nationalparks, darunter der Nationalpark Sächsische Schweiz. Er besteht aus zwei Teilen und umfaßt rund 93 Quadratkilometer. Die Wege dürfen nicht verlassen werden, Reservate und Flächennaturdenkmäler stehen unter strengstem Schutz, Waldbewirtschaftung findet nicht mehr statt. Das Landschaftsschutzgebiet einschließlich des Nationalparks wird als Nationalparkregion bezeichnet. Ein grenzüberschreitender deutsch-tschechischer Nationalpark wird angestrebt.

Hinweise

Die *Verkehrsmöglichkeiten* in der Sächsischen Schweiz sind gut, die *Parkmöglichkeiten* allerdings sehr eingeschränkt, ausgewiesene Parkplätze überwiegend gebührenpflichtig und oft belegt. Es empfiehlt sich stets die Benutzung öffentlicher Verkehrsmittel. Das Elbtal wird durch die Eisenbahnstrecke Dresden – Bahnhof Schöna erschlossen. Hinzu kommen Fähren und die Weiße Flotte Dresden, die größte und älteste Raddampferflotte der Welt. Die Kirnitzschtalbahn, eine elektrische Straßenbahn, verkehrt seit 1898 auf der acht Kilometer langen Strecke von Bad Schandau zum Lichtenhainer Wasserfall. Die Sebnitztalbahn, auch »Sächsische Semmeringbahn« genannt, verbindet Bad Schandau mit Sebnitz. Nahezu alle Orte sind auch mit Bussen erreichbar.

Ein hervorragendes *Markierungssystem* wird durch viele eindeutige Wegweiser unterstützt. Gesperrte Wege sind mit einem schwarzen Kreuz auf runder, weißer Scheibe gekennzeichnet. Ein schwarzes Dreieck auf runder Scheibe kennzeichnet Kletterern vorbehaltene Pfade. Von wenigen Ausnahmen abgesehen sind im Elbsandsteingebirge nur Strecken markiert. Deshalb laufen auf den beschriebenen Rundwanderungen oft viele verschiedene Markierungen gemeinsam. In diesen Fällen wurden nur die wesentlichen Markierungen angegeben.

Die angegebene *Wanderzeit* entspricht durchschnittlicher Geschwindigkeit ohne längere Rast. Angaben zu *Tourenlängen* und *Höhenunterschieden* sind gerundet. *Höhenmeter* bezeichnet die Summe aller zurückgelegten Steigungen.

Die empfohlenen *Wanderkarten* werden vom Landesvermessungsamt Sachsen herausgegeben und können über den Buchhandel bezogen werden. Für eine nähere, von den beschriebenen Touren abweichende Erkundung des Nationalparks sind folgende Karten besonders zu empfehlen: 1:10 000 Rathen/Hohnstein und 1:10 000 Schrammsteingebiet.

Rastplatz Beize bei Hinterhermsdorf (Foto: Michael Klees)

Die *Tourenbeschreibungen* folgen, von wenigen Ausnahmen abgesehen, markierten Wegen. Viele Touren sind kombinierbar und somit verlängerbar. Die Anforderungen unterscheiden sich erheblich. Das Erkunden der Schrammsteine gestaltet sich weitaus anstrengender als das Wandern in der linkselbischen Ebenheit und entlang der Täler. Die Nationalparkverwaltung bietet geführte Wanderungen und Bildungsprogramme an. Von der Bergwacht werden Unfallhilfestellen unterhalten. Die Unfallhilfeboxen stehen bei Notfällen jedem zur Verfügung.

1 Rathen – Bastei – Schwedenlöcher – Amselsee – Rathen

Verkehrsmöglichkeiten Kurort Rathen liegt etwa 40 Kilometer von Dresden entfernt, beidseitig der Elbe. Der Ortsteil Niederrathen liegt auf der Basteiseite und ist für den Kraftfahrzeugverkehr gesperrt. B 172 über Struppen und Weißig bis zum linkselbischen Oberrathen, Personenfähre nach Niederrathen. Bahnstation auf der Strecke Dresden – Schöna. Schiffsverbindung.

Parkmöglichkeiten Großer Parkplatz am Fähranleger in Oberrathen.

Wegmarkierungen Blauer Strich von Rathen bis zum Amselgrund, dann ohne Markierung.

Tourenlänge 5 Kilometer.

Wanderzeit 2 Stunden.

Höhenunterschiede 210 Höhenmeter.

Wanderkarte 1:25000 Blatt 43 Sächsische Schweiz/Pirna oder 1:10000 Gebiet Rathen/Hohnstein.

Wissenswertes »Die Bastey ist über die maßen schön, aber erst gült es hinauf zu gelangen.« Der Maler Adrian Zingg, der diese Zeilen um 1800 niedergeschrieben hat, würde sich heute wundern. Ein steter Fahrzeugstrom befördert eine Heerschar bequemer Touristen hinauf. Die *Bastei* ist das beliebteste Ausflugsziel in der Sächsischen Schweiz. Dennoch hat die schroff aufragende, gewaltige Felsenwelt ihren Zauber nicht verloren. Es empfiehlt sich, den steilen Aufstieg früh an einem Wochentag anzugehen. Gegen Mittag drängt sich bereits im *Kurort Rathen* der Besucherstrom. Er ist die Haupteinnahmequelle der Gemeinde. Ursprünglich bestritten die Einwohner ihren Lebensunterhalt von der Elbschifferei, der Waldarbeit und dem Steinebrechen. Daran erinnern die Weißen Brüche, die sich am rechten Elbufer von Rathen bis Stadt Wehlen erstrecken.

In den *Schwedenlöchern* werden wir von der kühlen und geheimnisvollen Welt der dunklen Felsengründe mit ihrem Reichtum an Farnen und Moosen überrascht. Im Dreißigjährigen Krieg suchte hier die Bevölkerung der Umgebung Zuflucht vor marodierenden Soldaten. Bereits 1886 wurden die Schwedenlöcher begehbar gemacht. Über 700 Stufen führen in die Tiefe.

Idyllisch begegnet uns der *Amselsee* im Amselgrund, eine künstliche Anstauung des Grünbaches. Hier werden Ruderboote vermietet. Im Westen des Amselgrundes ragen die Gansfelsen empor, im Osten die Honigsteine mit dem Felsen Lokomotive und weiter südlich die Feldsteine. Mittendrin steht der auffällige Fels Talwächter.

Ein wenig abseits des beschriebenen Weges, im Wehlgrund, liegt die *Felsenbühne*. Während der Saison erfreuen sich Abenteuerstücke von Karl May, Märchenspiele und romantische Opern großer Beliebtheit, darunter der »Freischütz« von Karl Maria von Weber, der wahrscheinlich durch die wilden Schluchten des Elbsandsteingebirges zur Szene »Wolfsschlucht« angeregt wurde.

Näheres zur *Bastei* siehe Tour 41.

Tourenbeschreibung   Von *Oberrathen* setzen wir mit der Gierfähre nach *Niederrathen* über, spazieren etwa 200 Meter in den Ort hinein, biegen dann links ab (blauer Strich). Wir passieren die Gaststätte *Amselgrundschlößchen,* biegen erneut links ab und wandern auf dem *Basteiweg* steil bergauf. Rechts des Weges sehen wir den Mönchstein. Er ist wegen seiner blechernen Wetterfahne in Gestalt eines Mönches leicht zu erkennen. Dann erreichen wir links des Weges den *Tiedgestein (Rosenbettfels)*. Bereits hier werden wir mit schöner Aussicht ins Elbtal belohnt.

Nun treten die Felsen enger zusammen. Wir passieren den Holzzaun und den Eingang der mittelalterlichen *Felsenburg Neurathen* und spazieren über die *Basteibrücke* zur etwas links des Weges liegenden *Basteiaussicht*. Rechts des Weges bietet die *Ferdinandsaussicht* Einblicke in den Wehlgrund. Der weitere Wegverlauf führt mitten durch die touristischen Anlagen auf die für den Kraftfahrzeugverkehr gebaute *Basteistraße*. Kurz vor dem Basteiweiher und dem dahinterliegenden großen Parkplatz biegen wir rechts in den *Gansweg* ein. Seiner Rechtskurve fol-

Felsen in der Bastei   (Foto: Michael Klees)

gend, erreichen wir eine *Schutzhütte* und halten uns links. Wir durchqueren die dämmrigen *Schwedenlöcher*, passieren rechts des Weges den Schwedenturm, überqueren den *Grünbach* im *Amselgrund* und biegen rechts ab. (Der mit blauem Strich markierte Wanderweg führt nach links zum zehn Meter hohen Amselfall.)

Wir wandern nun durch den *Amselgrund* und am Ufer des *Amselsees* entlang. Hoch über dem See ragt der merkwürdige Fels Lokomotive empor, im Süden vor uns linker Hand der Talwächter. Wir passieren den zur Felsenbühne führenden Weg und spazieren auf breiter Straße zurück nach *Niederrathen*.

2 Rathen – Amselsee – Hockstein – Polenztal – Rathen

Verkehrsmöglichkeiten Kurort Rathen liegt etwa 40 Kilometer von Dresden entfernt beiseitig der Elbe. Der Ortsteil Niederrathen liegt auf der Basteiseite und ist für den Kraftfahrzeugverkehr gesperrt. B 172 über Struppen und Weißig bis zum linkselbischen Oberrathen, Personenfähre nach Niederrathen. Bahnstation auf der Strecke Dresden – Schöna. Schiffsverbindung.
Parkmöglichkeiten Großer Parkplatz am Fähranleger in Oberrathen.
Wegmarkierungen Grüner Strich ab Amselsee, blauer Strich ab Hockstein, roter Punkt im Polenztal bis Anschluß roter Strich.
Tourenlänge 11 Kilometer.
Wanderzeit 3½ Stunden.
Höhenunterschiede 240 Höhenmeter.
Wanderkarte 1:25 000 Blatt 43 Sächsische Schweiz/Pirna und Blatt 45 Sächsische Schweiz/Bad Schandau, Sebnitz oder 1:10 000 Gebiet Rathen/Hohnstein.
Wissenswertes Nach einer ruhigen Waldwanderung erreichen wir den aussichtsreichen *Hockstein* und steigen durch die wilde *Wolfsschlucht* hinab ins romantische *Polenztal*. Viele Plätze laden zum Verweilen ein.

Vom *Hockstein* (291 m) blicken wir über 100 Meter tief hinab ins Tal. Der Fels ist durch eine Schlucht von der Umgebung abgetrennt. Die isolierte Lage wurden den böhmischen Berken von Duba zur Errichtung einer Burg genutzt. Spuren der Anlage aus dem 14./15. Jahrhundert sind noch zu erkennen. Berühmt ist das in Stein gehauene Mühlespiel auf der vordersten Aussicht. Von hier hat sich angeblich einst eine lederne Brücke bis zur gegenüberliegenden Burg Hohnstein gespannt.

Die *Polenz* entspringt bei Neustadt und bildet auf ihrem Weg durch den Lausitzer Granit ein flaches Kerbsohlental. Unterhalb von Hohnstein überschreitet sie die Lausitzer Störung genannte Grenze der Gesteine und tritt unvermittelt in den Sandstein ein. Von hier bis zur Waltersdorfer Mühle ist das Tal eng und tief in den Sandstein eingeschnitten. Erlen und Eschen säumen die Ufer. An den Wänden wachsen Fichten und Kiefern. Seit 1940 steht dieses Engtal unter Naturschutz. Von der Waltersdorfer Mühle bis zur Vereinigung der Polenz mit der Sebnitz zum Lachsbach weitet es sich. Hier sind die Felswände weniger schroff. Früher war die Polenz wegen ihres Lachsreichtums bekannt. Die letzten Lachse wurden 1929/30 gesehen.

Rathewalde

Wartenberg-straße
P

Hockstein

Hohn-stein

291 m Aussichts-punkt

Knotenweg

Polenz

Polenz

Gautschgrotte

Naturschutz-

gebiet

Reservat

Amselgrund

Höllgrund

Dachsenhälter

Ziegenrücken

Polenztal

Polenz

Amselsee

Honig-steine

Grünbach

Koppelsgrund

Niederrathen

Walters·dorfer Mühle

Gamrig

253 m

Gamrighöhle

Rathen

Ziegenrückstraße

Fähr-anleger
P

Oberrathen

ELBE

Waltersdorf

0   500 m

Aufstieg von der Wolfsschlucht　　　　　　　　　(Foto: Michael Klees)

Der *Gamrig* (253 m) ist ein stark zerklüftetes Felsmassiv. Er bietet eine schöne Aussicht. An seinem Fuß befindet sich eine Schichtfugenhöhle.

Rathen und *Amselsee* siehe Tour 1.

Anmerkung　Vom *Parkplatz* an der *Wartenbergstraße* können wir den Hockstein in wenigen Minuten erreichen. Durch den Bau der Straße um 1920 wurde die Lausitzer Störung angeschnitten. Eine Tafel weist auf diese geologische Besonderheit hin.

Tourenbeschreibung　Vom *Fähranleger* in *Niederrathen* spazieren wir geradewegs in den Ort und biegen nach etwa 200 Metern links ab. Wir folgen dem *Grünbach*, passieren die Abzweigung zur Felsenbühne im Wehlgrund und wandern am Ufer des *Amselsees* entlang. Am Ende des Sees überqueren wir den *Grünbach* und folgen der grünen Strichmarkierung durch den *Höllgrund*. Der Weg windet sich bergauf. Zur Linken erstreckt sich das streng geschützte Reservat »Dachsenhälter«.

Indem wir die *Ziegenrückstraße* queren, erreichen wir über den *Knotenweg* den *Hocksteinweg* (blauer Strich). Ihm folgen wir nach rechts. Die *Teufelsbrücke,* eine Sandsteinbrücke von 1821, führt uns über die Schlucht hinweg zum *Hockstein*, Treppen führen zu verschiedenen Aussichtspunkten.

Vom *Hockstein* durch die *Wolfsschlucht* hinab ins *Polenztal* (blauer Strich und grüner Schrägstrich des Lehrpfades). Wir folgen dem Lauf der Polenz etwa zweieinhalb Kilometer. Kurz vor der Waltersdorfer Mühle biegen wir scharf rechts in den *Füllhöl-zelweg* ein (roter Strich). Wir queren wieder die *Ziegenrück-straße* und treffen nach etwa zwei Kilometern auf die Straße von Niederrathen nach Waltersdorf. Wenn wir rechts einbiegen, haben wir in wenigen Minuten wieder die Fähre erreicht.

Es bietet sich ein Abstecher zum *Gamrig* an: Wir folgen der Straße etwa einen Kilometer nach links (roter Punkt), biegen dann links ab, besuchen die *Gamrighöhle* am Fuß des Berges und besteigen den 253 Meter hohen *Aussichtspunkt*.

3 Rathen – Lilienstein – Festung Königstein – Bärensteine – Rauenstein – Rathen

Verkehrsmöglichkeiten Kurort Rathen liegt etwa 40 Kilometer von Dresden entfernt beidseitig der Elbe. Der Ortsteil Niederra-then liegt auf der Basteiseite und ist für den Kraftfahrzeugver-kehr gesperrt. B 172 über Struppen und Weißig bis zum links-elbischen Oberrathen, Personenfähre nach Niederrathen. Bahn-station auf der Strecke Dresden – Schöna. Schiffsverbindung.
Parkmöglichkeiten Großer Parkplatz am Fähranleger in Ober-rathen.
Wegmarkierungen Blauer Strich bis zur Fähre nach Königs-stein, dann roter Punkt bis Anschluß roter Strich.

Felsen am Hohlweg zur Wolfsschlucht   (Foto: Michael Klees)

Tourenlänge 16 Kilometer.   **Wanderzeit** 6 Stunden.
Höhenunterschiede 600 Höhenmeter.
Wanderkarte 1:25000 Blatt 43 Sächsische Schweiz/Pirna.
Wissenswertes Auf bequemen Wegen wandern wir durch die Ebenheit rund um die Elbschleife zwischen Rathen und Königstein. Wir ersteigen den mächtigen rechtselbischen Tafelberg *Lilienstein* (415 m) und die berühmte *Festung Königstein* (360 m). Dann besuchen wir die *Götzingerhöhle*. Sie wurde zur Erinnerung an den Pfarrer und Erforscher der Sächsischen Schweiz, Wilhelm Leberecht Götzinger (1758–1818), mit seinem Namen benannt, ist aber auch als Diebshöhle bekannt. Vor der Höhle ist ein Kreuz in den Fels gehauen. Es erinnert an den Jungfernsprung. Eine von schwedischen Marodeuren verfolgte Frau soll sich hier in größter Not vom Felsen gestürzt haben. Abseits des markierten Wanderweges können wir Pfaden zu den Aussichten auf dem *Kleinen Bärenstein* (338 m) und dem *Großen Bärenstein* (329 m) folgen. Auf dem Kleinen Bärenstein befinden sich die Überreste einer Bergwirtschaft. Er bietet im Gegensatz zum bewaldeten Großen Bärenstein die bessere Aussicht. Den *Rauenstein* (304 m) erreichen wir an seinem Fuß. Auf der Höhe lädt ein Gasthaus zum Rasten ein.

Rathen siehe Tour 1, *Lilienstein* Tour 42, *Königstein* und *Festung Königstein* Tour 43, *Rauenstein* Tour 6.

Tourenbeschreibung Wir beginnen die Wanderung in *Oberrathen,* setzen mit der Fähre über die Elbe, überschreiten sogleich den vom Amselsee kommenden Bach und folgen dem *Kottesteig* durch den elbnahen Wald (blauer Strich). Nach etwa anderthalb Kilometern erreichen wir ein freistehendes *Haus*. Der markierte Weg zieht nun nach links weg von der Elbe und wird jetzt *Lottersteig* genannt. Wir queren die von Napoleon angelegte *Kaiserstraße* und biegen nach etwa 200 Metern rechts in den *Kirchweg* ein. Zu unserer Rechten liegt das Schlachtfeld von 1756, wo sich die sächsische Armee den Preußen ergab.

Wir tauchen in den Wald, queren unterhalb vom Franzosenborn einen Weg und treffen auf die Markierung gelber Strich, die von links über den Ringweg zu uns stößt und uns nun begleitet. Nach einem kurzen Wegstück folgen wir der Markierung nach rechts und steigen den mit Eisentreppen und Stufen erschlossenen *Nordaufstieg* zum *Lilienstein* hinauf.

Auf dem Plateau angelangt, läuft der Hauptweg an der *Gastwirtschaft* geradewegs vorbei, führt nahe beim westlichen Aussichtspunkt über den Südabstieg steil zu Tal, dann geradewegs zur Siedlung *Ebenheit* und steil hinab zur *Elbe*. Die Gierfähre bringt uns nach *Königstein*.

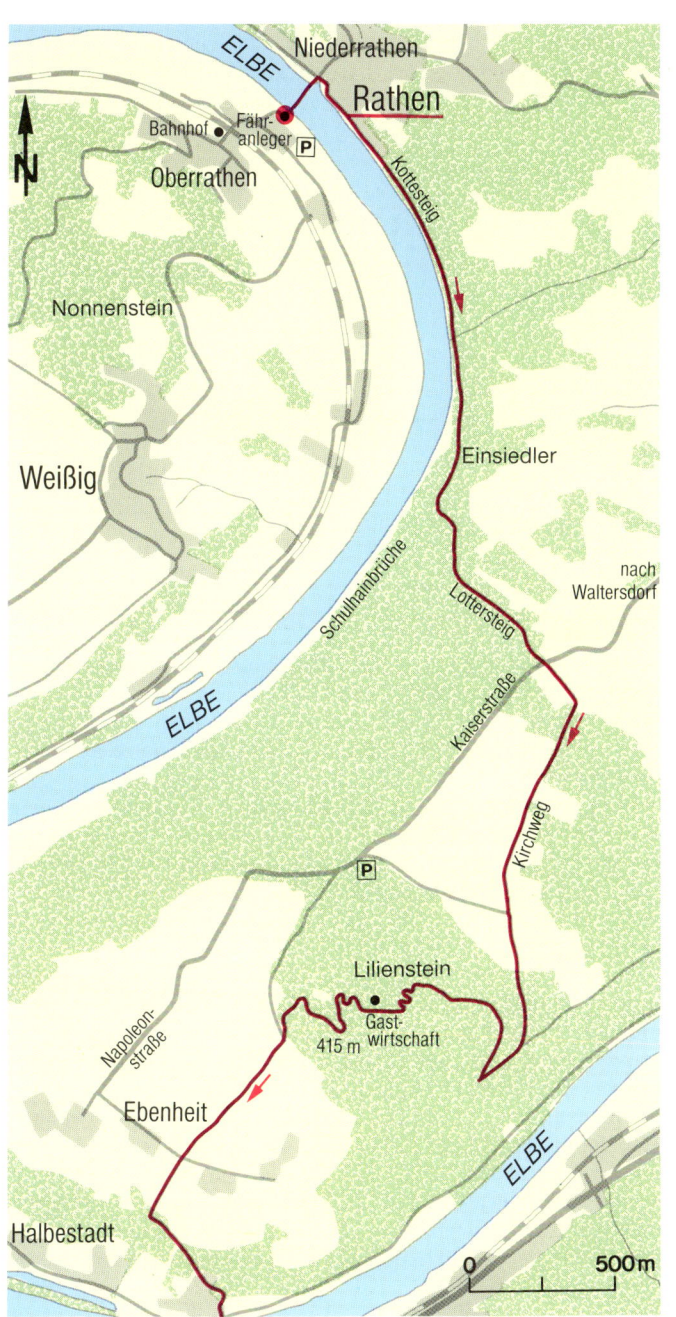

Wir überqueren den *Eisenbahnviadukt,* überqueren die
B 172, halten uns rechts, biegen beim *Busbahnhof* in die *Hainstraße* ein und folgen der *Pirnaer Straße* nach rechts (roter
Punkt). (Geradeaus führt der mit blauem Strich markierte Steilaufstieg an der Palmschenke vorbei zur Festung.)

Beim Denkmal für den Komponisten E. Julius Otto biegen
wir links ab, spazieren an seinem Geburtshaus vorbei und treffen wieder auf die *B 172.* Wir folgen ihr etwa 150 Meter bergauf, biegen dann links in die schmale, 1803 gepflasterte Festungsstraße ein. Sie zieht nach links und erreicht steiler werdend die *Festung Königstein.*

Noch bevor wir den Eingang zur Festung erreichen, führt
unser Weg rechts zu Tal, läuft bald an Wiesengelände entlang
und erreicht die Waldecke beim großen *Parkplatz* an der B 172.

Wir unterqueren die *Bundesstraße.* Wenige Minuten später
queren wir die von Struppen zur B 172 führende Straße und
münden in eine Fahrstraße, der wir nach *Thürmsdorf* folgen.
Wir durchwandern den langgezogenen Ort, biegen gegen Ortsende rechts ab und erreichen die Verkehrsstraße Struppen –
Weißig. Ihr folgen wir etwa 200 Meter nach rechts, biegen dann
links ab zur *Götzingerhöhle.* Der Pfad führt mitten durch die
Einsturzhöhle hindurch. Wir wandern ein kurzes Wegstück am

Fuß mächtiger Felsen entlang, biegen links ab, steigen ein kurzes Wegstück steil bergauf und biegen rechts ab. Nach einem weiteren kurzen Wegstück gabelt sich der Weg. Der rechte, unmarkierte Pfad führt zum *Kleinen Bärenstein.*

Der linke, markierte Weg tritt nach etwa 200 Metern aus dem Wald. Hier biegen wir rechts ab (roter Punkt), wandern geradewegs durch die Flur zum südöstlichen Ortsrand von *Naundorf* und biegen scharf rechts ab Richtung Rauenstein (roter Strich). Nach etwa 250 Metern führt ein Pfad links hinauf zum *Großen Bärenstein* (unmarkiert).

Wir wandern auf dem breiten, markierten Weg zwischen Großem Bärenstein und Kleinem Bärenstein hindurch, biegen nach etwa einem Kilometer links ab, folgen den Kurven des Weges leicht ansteigend durch den Wald und erreichen nach etwa anderthalb Kilometern eine Gabelung am Fuß des *Rauensteins.*

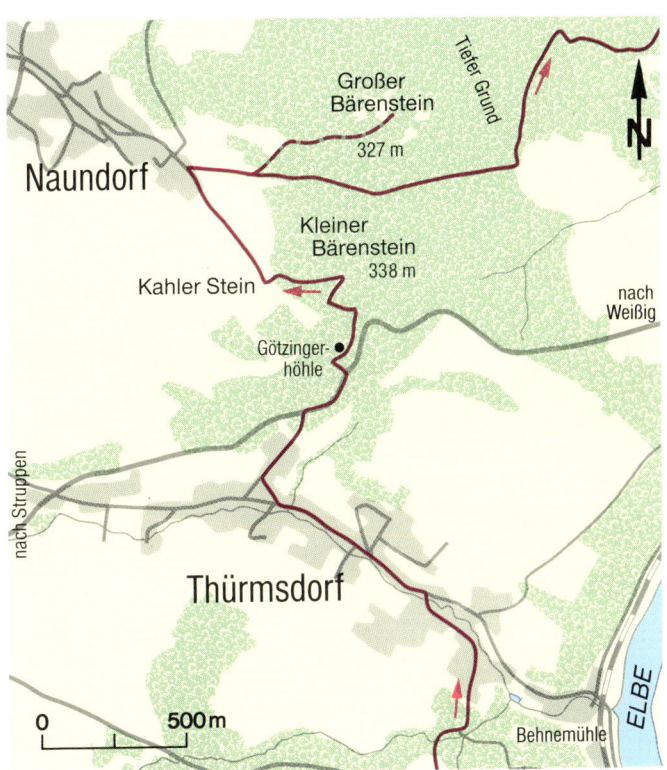

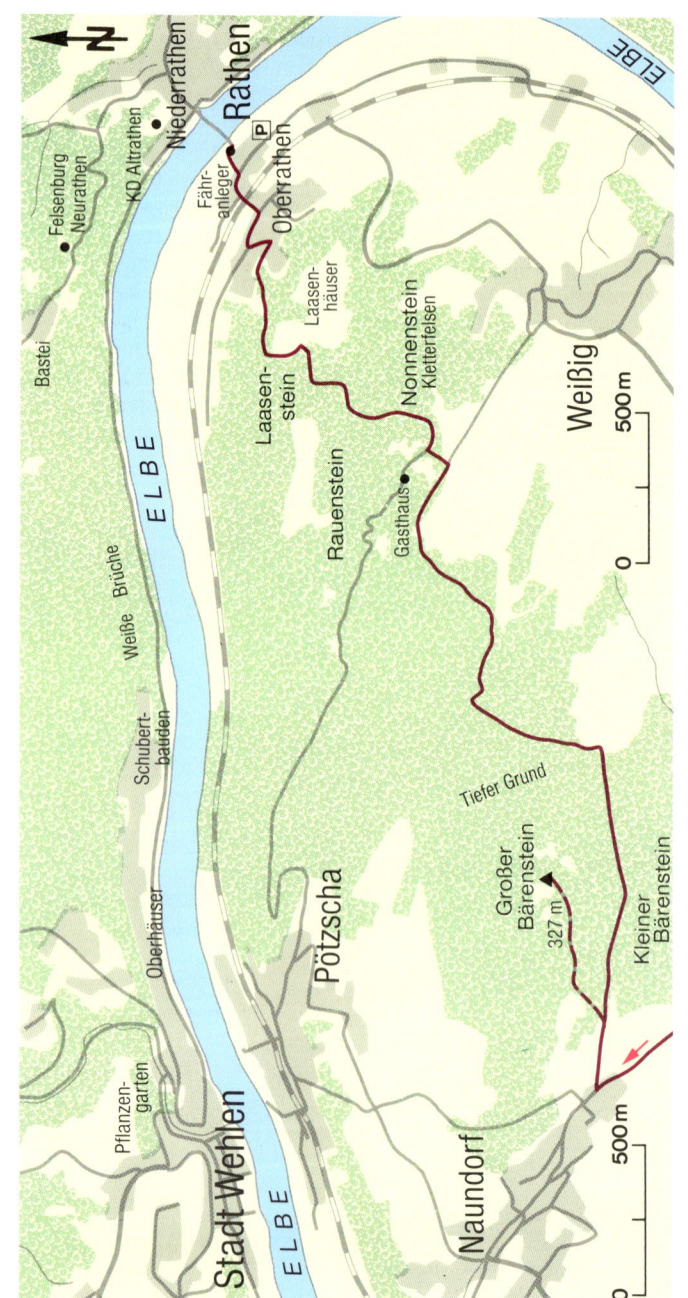

Blick vom Lilienstein: Bastei an der Elbe und Rathen (Foto: Michael Klees)

Wir halten uns links. Nach etwa 100 Metern führt ein Weg links hinauf zum Gasthaus auf dem Rauenstein (gelber Strich). Der rot markierte Weg führt am Kletterfelsen Nonnenstein und am Laasenstein vorbei zurück nach *Oberrathen*.

4 Stadt Wehlen – Teufelsgrund – Uttewalder Grund – Stadt Wehlen

Verkehrsmöglichkeiten Stadt Wehlen liegt etwa 35 Kilometer von Dresden entfernt am rechten Elbufer. B 172 bis Pirna und weiter auf der rechten Elbseite über Dorf Wehlen oder ab Pirna über Struppen nach Pötzscha, linkselbischer Ortsteil von Stadt Wehlen und Übersetzen mit der Fähre. Bahnstation auf der Strecke Dresden – Schöna. Busverbindung mit Pirna. Schiffsverbindung.

Parkmöglichkeiten An beiden Seiten der Elbe beim Fähranleger.

Wegmarkierungen Roter Punkt bis Anschluß grüner Strich und gelber Strich, dann ohne Markierung. Durch den Höllengrund wieder grüner Strich, dann ohne Markierung. Gelber Strich im Teufelsgrund.

Tourenlänge 8 Kilometer. **Wanderzeit** 2½ Stunden.
Höhenunterschiede 250 Höhenmeter.

Wanderkarte 1:25 000 Blatt 43 Sächsische Schweiz/Pirna.

Wissenswertes Durch tiefe Gründe wandern wir von *Stadt Wehlen* zum *Uttewalder Felsentor*. Es war ein bevorzugtes Ziel der frühen Schweizreisenden. Von Caspar David Friedrich und vielen anderen Künstlern wurde es zahllose Male abgebildet.

Stadt Wehlen ist mit rund 1700 Einwohnern eine der kleinsten Städte Deutschlands. Gemeinsam mit der nahen Ortschaft Dorf Wehlen stand sie einst im Herrschaftsbereich der oberhalb der Stadt gelegenen Burg (13. Jh.). Von ihr sind nur geringe Ruinenreste erhalten. Das Heimatmuseum in der Lohmener Straße präsentiert die Geschichte der Elbschiffahrt und der Steinbrecherei. Ein Pflanzengarten mit rund 800 verschiedenen Arten und ein gläserner Bienenstock sind weitere Anziehungspunkte. Im linkselbischen Ortsteil Pötzscha können wir die letzte Wohn- und Arbeitsstätte des Malers Robert Sterl (1867–1932) besuchen.

Tourenbeschreibung Vom *Rathaus* am *Marktplatz* spazieren wir durch die enge Gasse und biegen vor der Brücke rechts ab. Auf gepflastertem Weg bergauf. Wir münden in einen Pfad, steigen weiter bergauf, erreichen eine Gabelung, halten uns nun links, wandern etwa 500 Meter durch den *Wehlener Grund* und erreichen eine große Kreuzung.

Scharf rechts führt ein Weg zum Ortsteil Steinrücken. Linker Hand sehen wir im Fels eine Gedenktafel für Friedrich Märkel, einem Erforscher der Gegend. Wir folgen dem breiten, nach rechts ziehenden Talweg.

Zuvor bietet sich ein kleiner Rundweg durch den bizarren *Teufelsgrund* an: Wir halten uns geradeaus (gelber Strich), biegen aber bald einem Wegweiser folgend links ab in die Teufelsschlüchte. Wir steigen über Felsblöcke hinweg, müssen behende durch enge Klüfte schlüpfen und erreichen zur Rechten die dunkle *Heringshöhle*. Der Pfad führt weiter, auch wenn er zu Ende scheint. Eng kriechen wir unter einem Fels hindurch, dann zieht der Pfad scharf nach rechts bergauf und hinaus aus dem tiefen Grund. Wir halten uns geradeaus und erreichen nach etwa 100 Metern eine Gabelung mit einem Wegweiser. Hier rechts Richtung *Teufelskammer*. Vorerst wandern wir wieder bequem durch den Wald, dann erst führen uns Treppen steil bergab in die Tiefe. Nach einem kurzen Wegstück spazieren wir an der bekannten Abzweigung zur Heringshöhle vorbei und zur großen Kreuzung zurück.

Wir folgen dem breiten Talweg und erreichen nach etwa 200 Metern eine Gabelung. Rechts geht es in den Zscherregrund. Wir halten uns links (grüner Strich, Uttewalder Grund), passie-

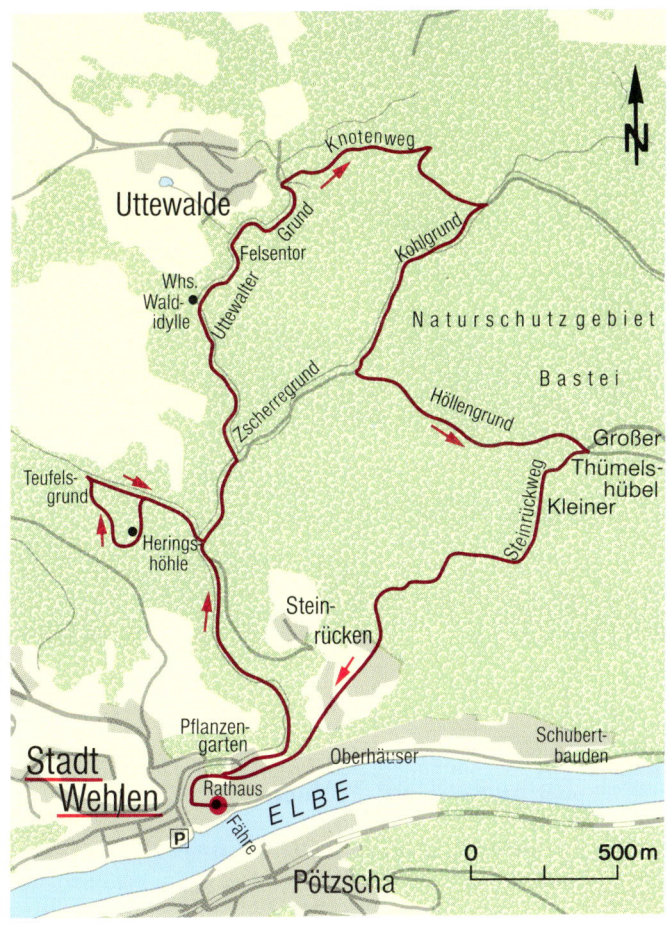

ren die Gastwirtschaft *Waldidylle* und durchschreiten kurz darauf
das überraschend kleine *Felsentor.*

Wenig später gabelt sich der Weg. Wir biegen rechts in den
Bruno-Barthel-Weg ein (Wegweiser, gelber Strich). Er erinnert
an den aus Lohmen stammenden volkskundlichen Schriftsteller
(1885–1956). Steil steigen wir bergauf, erreichen die Höhe und
kurz darauf einen breiten Querweg. Hier rechts (unmarkiert).
An der nach etwa 150 Metern folgenden Gabelung links. Wir
treffen auf einen breiten Asphaltweg und folgen ihm nach rechts
durch den *Kohlgrund.* Am folgenden Querweg biegen wir links
ab (roter Punkt und grüner Strich) und wandern bergauf durch

den *Höllengrund*. Auf der Höhe biegen wir rechts in den *Stein-rückweg* ein (unmarkiert). Nach etwa 400 Metern folgen wir der scharfen Rechtskurve des breiten Weges und wandern durch den Ortsteil *Steinrücken* nach *Stadt Wehlen* hinab.

Felsen der Bastei

(Foto: Michael Klees)

5 Stadt Wehlen – Bastei – Rathen – Stadt Wehlen

Verkehrsmöglichkeiten Stadt Wehlen liegt etwa 35 Kilometer von Dresden entfernt am rechten Elbufer. B 172 bis Pirna und weiter auf der rechten Elbseite über Dorf Wehlen oder ab Pirna über Struppen nach Pötzscha, linkselbischer Ortsteil von Stadt Wehlen und übersetzen mit der Fähre. Bahnstation auf der Strecke Dresden – Schöna. Busverbindung mit Pirna. Schiffsverbindung.

Parkmöglichkeiten An beiden Seiten der Elbe beim Fähranleger.

Wegmarkierungen Roter Punkt von Wehlen bis Rathen, dann unmarkiert.

Tourenlänge 9 Kilometer.

Wanderzeit 3 Stunden.

Höhenunterschiede 180 Höhenmeter.

Wanderkarte 1:25 000 Blatt 43 Sächsische Schweiz/Pirna.

Wissenswertes Auf ruhigen und bequemen Wegen wandern wir durch tiefe Gründe hinauf zur luftigen Bastei. Am *Steinernen Tisch* können wir rasten. Er wurde 1710 als Sitzgelegenheit für höfische Jagdgesellschaften errichtet. Am Elbufer unterhalb der Weißen Brüche spazieren wir zurück. Es sind alte Sandsteinbrüche. Sie wurden vom »Verein zur Rettung der Sächsischen Schweiz« gekauft und stillgelegt. Der frisch gebrochene Stein ist weiß. Erst die Verwitterung färbt ihn grau.

Stadt Wehlen siehe Tour 4, *Bastei* siehe Tour 41.

Tourenbeschreibung Vom *Rathaus* am *Marktplatz* spazieren wir durch die enge Gasse und biegen vor der Brücke rechts ab. Auf gepflastertem Weg bergauf. Wir münden in einen Pfad, steigen weiter bergauf, erreichen eine Gabelung, halten uns nun links, wandern etwa 500 Meter durch den *Wehlener Grund* und erreichen eine große Kreuzung.

Scharf rechts führt ein Weg zum Ortsteil Steinrücken. Linker Hand sehen wir im Fels eine Gedenktafel für Friedrich Märkel, einem Erforscher der Gegend. Hier bietet sich ein kleiner Abstecher in den Teufelsgrund an (siehe Tour 4).

Ansonsten folgen wir dem Rechtsbogen des breiten Talweges. An der nächsten Gabelung, deren linker Zweig in den Uttewalder Grund führt, halten wir uns rechts und wandern durch den *Zscherregrund*. Mächtige Felsen ragen am Wegrand empor, treten aber bald wieder zurück. An der folgenden Gabelung halten wir uns ebenfalls rechts. Durch den *Höllengrund*, eine Schlucht

Im Vordergrund Felsenburg Neurathen   (Foto: Michael Klees)

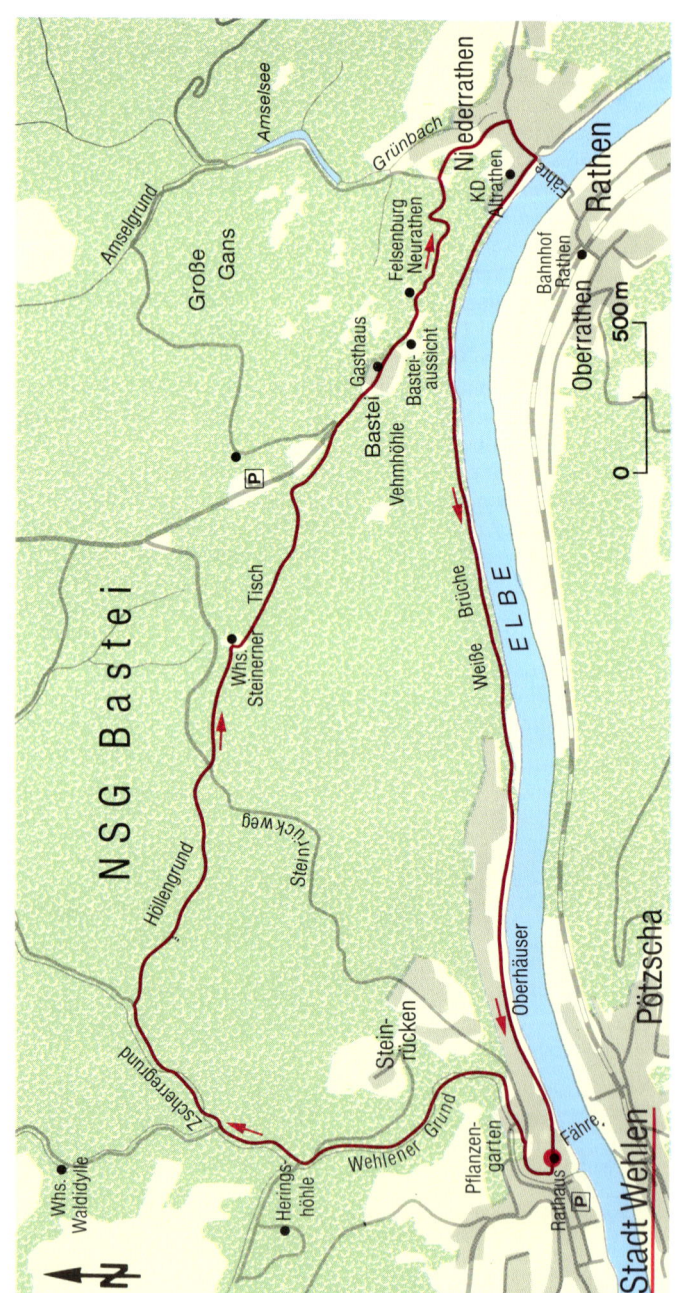

mit dicht bemoosten mächtigen Felsen, wandern wir den steiler werdenden Weg bergauf. Er mündet in den *Steinrückweg*. Ihm folgen wir etwa 30 Meter, biegen dann rechts ab. Wir erreichen den *Steinernen Tisch* und spazieren am gleichnamigen *Gasthaus* rechts vorbei. Auf dem *Fremdenweg* nähern wir uns der *Bastei*, durchqueren die touristischen Anlagen und genießen das Panorama von der rechts des Hauptweges liegenden *Basteiaussicht*.

Zum Hauptweg zurück und über Stufen zur *Basteibrücke*. Sie führt uns über die Schlucht *Mardertelle*. Am Eingang zur mittelalterlichen *Felsenburg Neurathen* vorbei und steil zu Tal. Bald erreichen wir zur Rechten die mit Geländern gesicherte Aussicht am *Rosenbettfels* (Tiedgestein). Wir passieren die Abzweigung in den Wehlgrund und wandern an der Gaststätte *Amselgrundschlößchen* vorbei nach *Rathen*. Ein ruhiger Weg führt uns am Ufer der Elbe unterhalb der Weißen Brüche nach *Stadt Wehlen* zurück.

 ## Stadt Wehlen – Kammweg über den Rauenstein – Bärensteine – Stadt Wehlen

Verkehrsmöglichkeiten Stadt Wehlen liegt etwa 35 Kilometer von Dresden entfernt am rechen Elbufer. Ab Pirna über Struppen nach Pötzscha, linkselbischer Ortsteil von Stadt Wehlen oder auf der rechten Elbseite über Dorf Wehlen nach Stadt Wehlen und übersetzen mit der Fähre. Bahnstation auf der Strecke Dresden – Schöna. Busverbindung mit Pirna. Schiffsverbindung.

Parkmöglichkeiten Beidseitig der Elbe beim Fähranleger.

Wegmarkierungen Gelber Strich bis über den Rauenstein, dann roter Strich.

Tourenlänge 7 Kilometer. **Wanderzeit** 2½ Stunden.

Höhenunterschiede 330 Höhenmeter.

Wanderkarte 1:25 000 Blatt 43 Sächsische Schweiz/Pirna.

Wissenswertes Höhepunkt dieser Tour ist der abenteuerliche *Kammweg* über den stark zerklüfteten *Rauenstein*. Wir müssen einige Höhenunterschiede bewältigen, um die vielen aussichtsreichen Plätze zu erreichen. Steiganlagen helfen uns bei der Überwindung der vielen Klüfte und Engpässe. Der Kammweg wurde bereits im vergangenen Jahrhundert vom Gebirgsverein für die Sächsische Schweiz angelegt. 1968 wurde er erneuert.

Die *Lehmannschlucht* trägt den Namen von Prof. O. Lehmann, der die Erschließung des Rauensteins förderte. Eine Ta-

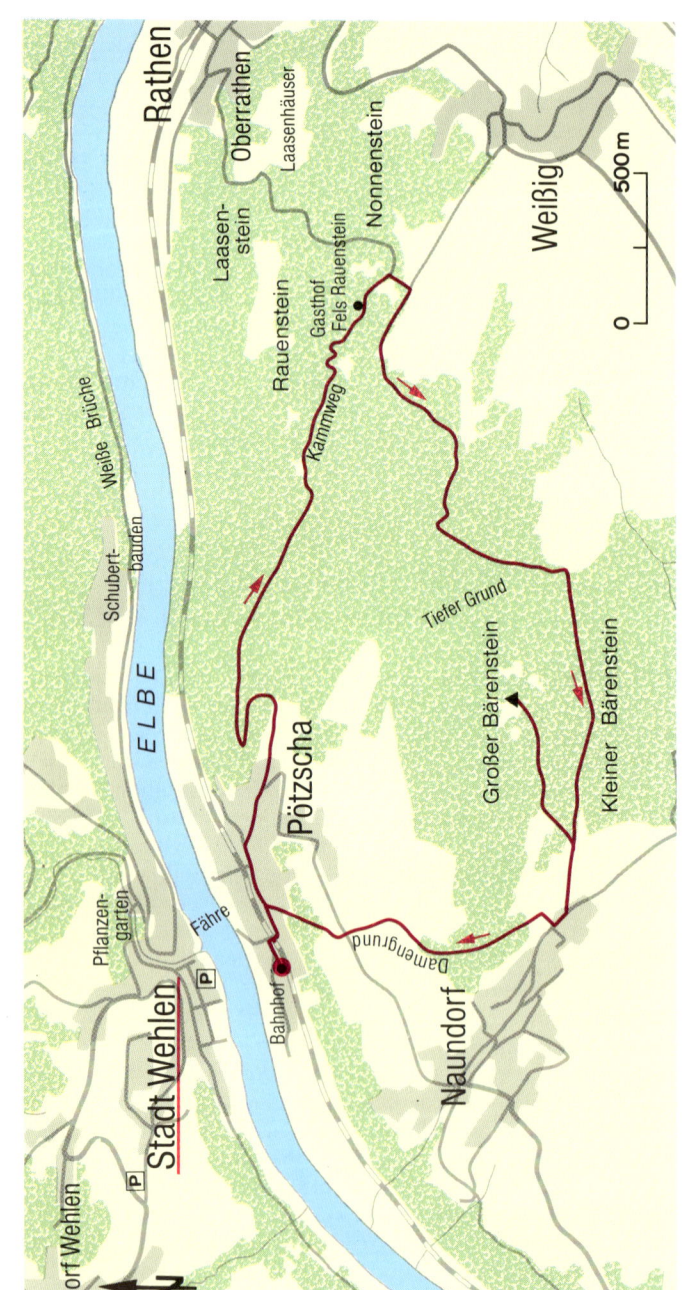

fel weist auf die Eröffnung des Rauensteinweges 1885 hin. Der kleine Gasthof auf dem Rauenstein wurde 1893 eröffnet.

Beim Abstieg vom Rauenstein sehen wir rechter Hand den Klettergipfel *Nonne*. Die Sage erzählt vom Liebespaar Nonne und Mönch. Ein unglückliches Geschick verbannte den Mönch in ein Kloster jenseits der Elbe. Fortan bestieg die Nonne jeden Morgen diesen Gipfel und hielt Ausschau nach ihrem Geliebten. Das Gegenstück zum Nonnenstein, den Mönchstein, finden wir nahe der Bastei.

Stadt Wehlen siehe Tour 4, *Bärensteine* siehe Tour 3.

Tourenbeschreibung Wir beginnen die Wanderung im linkselbischen Ortsteil *Pötzscha*. Vom *Bahnhof* ausgehend folgen wir den Gleisen und überqueren sie am beschrankten Bahnübergang (gelber Strich, Richtung Rauenstein). Wir folgen der *Thälmannstraße*. Sie zieht bald nach rechts und führt bergauf. Hinter dem *Ortsausgangsschild* biegen wir links ab und wandern weiter bergauf. Der markierte Weg zieht scharf nach links in den Wald und führt ansteigend zum *Kammweg* über den *Rauenstein*.

Über Stufen erreichen wir die *Georgshöhe* mit im Fels eingehauenem Wappen und einem Steintisch. Leitern und Stufen führen uns durch die *Lehmannschlucht*. Bald zweigt ein Pfad rechts vom Hauptweg ab. Er führt zum aussichtsreichen Gipfelplateau bei der *Gaststätte Fels Rauenstein*. Von der Gaststätte gehen wir zum Hauptweg zurück, steigen steil zu Tal und treffen auf einen Querweg. Hier rechts (roter und gelber Strich). Nach einem kurzen Wegstück trennen sich die Markierungen. Der gelbe Strich führt nach links Richtung Weißig. Wir halten uns rechts (roter Strich), wandern am Waldrand entlang und folgen der Linkskurve des markierten Weges in den Wald. Nach etwa zwanzig Minuten trefen wir auf einen Fahrweg. Ihm folgen wir nach rechts. Er führt zwischen Großem Bärenstein und Kleinem Bärenstein hindurch.

Nach etwa einem Kilometer bietet sich ein Abstecher zum *Großen Bärenstein* an. Ein unmarkierter und beschwerlicher Pfad führt nach rechts auf die wenig aussichtsreiche Höhe.

Der markierte Wanderweg führt uns zu den Häusern am südöstlichen Ortsrand von *Naundorf*. Hier biegen wir rechts ab, biegen bereits nach etwa 40 Metern wieder rechts ab und wandern durch den *Damengrund* zur Straße Naundorf – Pötzscha. Wenn wir die letzte Wohn- und Arbeitsstätte des Malers Robert Sterl (1867–1932) besuchen wollen, folgen wir der Verkehrsstraße. Sie führt uns am Haus vorbei. Ansonsten queren wir die Straße und steigen steil und auf kürzerem Weg nach *Pötzscha* hinab.

Polenztal

(Foto: Norbert Forsch)

7 Hohnstein – Hockstein – Gautschgrotte – Hohnstein (Lehrpfad)

Verkehrsmöglichkeiten B 172 bis Pirna und weiter über Lohmen. Busverbindung auf den Strecken Sebnitz – Pirna und Bastei – Bad Schandau, über Stolpen mit Pirna und über Neustadt mit Bischofswerda.

Parkmöglichkeiten Kleiner Parkplatz auf dem Hohnsteiner Marktplatz, großer Parkplatz »Eiche« am östlichen Ortsrand an der Straßengabelung Sebnitz – Bad Schandau.

Wegmarkierungen Grüner Diagonalstrich.

Tourenlänge 6 Kilometer.

Wanderzeit 2½ Stunden.

Höhenunterschiede 300 Höhenmeter.

Wanderkarte 1:25 000 Blatt 43 Sächsische Schweiz/Pirna oder 1:10 000 Gebiet Rathen/Hohnstein.

Wissenswertes Diese Tour führt uns zu den bekanntesten Sehenswürdigkeiten in der nahen Umgebung von Hohnstein. Wir folgen dem Lehrpfad und müssen kurze, aber steile Auf- und Abstiege bewältigen. Ausführliche Informationstafeln erklären geologische und geschichtliche Besonderheiten.

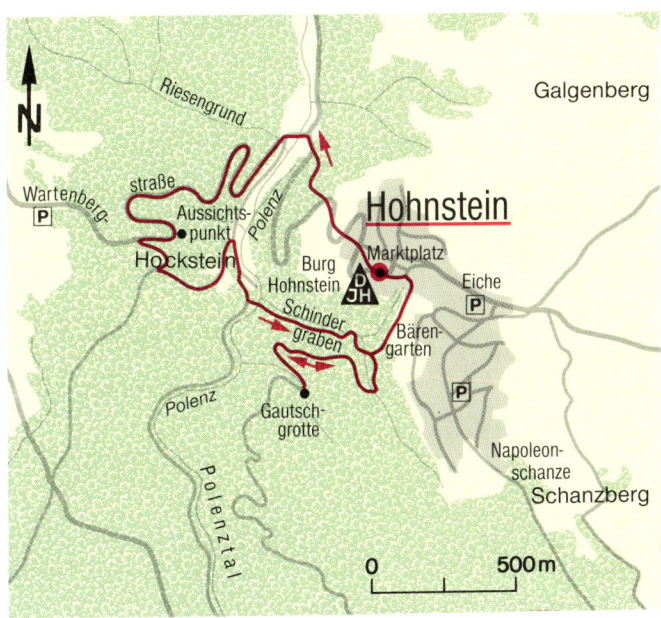

Im kleinen *Hohnstein* leben rund 1100 Einwohner. 1444 wurde dem Ort das Stadtrecht verliehen. Der Brand von 1724 hat den größten Teil der alten Bausubstanz zerstört. Geblieben ist die Oberförsterei von 1721, seit 1846 Apotheke und das Malzhaus von 1688, das 1917 zum Rathaus umgebaut wurde. Die barocke Kirche von 1725/28 wurde von George Bähr geschaffen. Er war auch Schöpfer der Dresdner Frauenkirche. Die meisten Fachwerkbauten stammen aus dem 18. und 19. Jahrhundert. Im Haus Markt 4 wurde Christoph Gottlieb Schroeter (1699–1782), der Erfinder des Hammerklaviers geboren. Weite Bekanntheit verdankt Hohnstein dem Puppenspieler Max Jakobs, dem geistigen Vater des Hohnsteiner Kaspers. In Hohnstein findet jährlich ein Puppenspielfestival statt.

Die mächtige *Burg Hohnstein,* das Wahrzeichen der Stadt, ist nur vom Marktplatz aus zugänglich. Sie wurde im 12. Jahrhundert als böhmische Grenzfeste gegen die Sachsen erbaut und stand unter der Herrschaft der Berken von Duba. 1443 gelangte sie in kursächsische Hände. In den folgenden Jahrhunderten war sie unter anderem Sitz des Justizamtes, Gefängnis, Arbeitslager und Obdachlosenasyl. Von 1924–1933 wurde sie als Jugendburg genutzt, von 1933–1934 von den Nationalsozialisten als Konzentrationslager mißbraucht. Seit 1948 ist sie wieder Jugendburg und größte Jugendherberge Ostdeutschlands. Mitten durch die Stadt verläuft die »Lausitzer Störung«. Der nördliche Stadtteil ist auf Granit erbaut, die Burg selbst steht noch auf einer harten

Burg Hohnstein, Eingang und unterer Burghof   (Foto: Michael Klees)

Sandsteinplatte. Durch den Bau der Wartenbergstraße um 1920 wurde die »Lausitzer Störung« angeschnitten. Eine Tafel weist darauf hin.

Über die Teufelsbrücke, eine Sandsteinbrücke von 1821, erreichen wir den *Hockstein*. Er trug im Mittelalter eine Befestigungsanlage. Berühmt ist das in Stein gehauene Mühlespiel auf der vordersten Aussicht. Von hier soll sich einst eine lederne Brücke bis hinüber zur Burg Hohnstein gespannt haben.

Burg Hohnstein, sechseckiger Turm   (Foto: Michael Klees)

Der abgelegene *Schindergraben*, den wir bei unserem Aufstieg aus dem Polenztal durchwandern, wurde früher zur Beseitigung von Tierkadavern genutzt. Er führt zum ehemaligen *Bärengarten*. Mit Mauerwerk wurde 1609 die Schlucht abgeriegelt. Hier wurden die im Elbsandsteingebirge gefangenen Bären bis zu ihrem Abtransport zu den Tierhetzen am Dresdner Hof eingesperrt. Reste des Mauerwerkes sind noch zu sehen. 1756 wurde der Bärengarten aufgegeben.

Die *Gautschgrotte* trägt den Namen des Rechtsanwaltes Karl Gautsch, einem Erforscher der Sächsischen Schweiz. In kalten Wintern bilden sich in der Grotte großartige Eisstalagmiten und Stalaktiten. Wegen Felssturzgefahr ist das Betreten der Höhle vom 1. 10. bis 15. 5. verboten. Wir verdanken die Erschließung der Hohnsteiner Umgebung vor allem dem Pfarrer W. L. Götzinger (1758–1818). Sein Porträt ist unterhalb der Burg am Rande unseres Wanderweges in den Stein gehauen.

Tourenbeschreibung Vom *Hohnsteiner Marktplatz* spazieren wir zur *Kirche* und rechts steil hinab zur *Mühlbergstraße*. Wir queren die Verkehrsstraße viermal, erreichen die *Maimühle*, überqueren die *Polenz,* folgen den ansteigenden Windungen der *Wartenbergstraße* bis fast auf die Höhe, biegen links ab und erreichen über die *Teufelsbrücke* den *Hockstein*.

Durch die *Wolfsschlucht* steigen wir wieder hinab ins Polenztal, biegen rechts ab und folgen dem Tal bis hinter die *Gaststätte Polenztal.* Eine *Brücke* führt uns über die *Polenz* in den *Schindergraben*. Wir folgen dem *Schindergraben* bergauf bis zu den Überresten der unteren Mauer des *Bärengartens*. Hier biegen wir rechts ab und machen einen Abstecher zur *Gautschgrotte.* Auf dem Herweg wandern wir zum *Bärengarten* zurück und steigen steil nach *Hohnstein* hinauf.

8 Hohnstein – Napoleonschanze – Brand – Schulzengrund – Gautschgrotte – Hohnstein

Verkehrsmöglichkeiten B 172 bis Pirna und weiter über Lohmen. Busverbindung auf den Strecken Sebnitz – Pirna und Bastei – Bad Schandau, über Stolpen mit Pirna und über Neustadt mit Bischofswerda.
Parkmöglichkeiten Kleiner Parkplatz auf dem Hohnsteiner Marktplatz, großer Parkplatz »Eiche« am östlichen Ortsrand an der Straßengabelung Sebnitz – Bad Schandau.
Wegmarkierungen Grüner Strich bis Anschluß blauer Strich. Ab Brand roter Strich bis Anschluß grüner Strich.
Tourenlänge 10 Kilometer.
Wanderzeit 3 Stunden.
Höhenunterschiede 200 Höhenmeter.
Wanderkarte 1:25000 Blatt 43 Sächsische Schweiz/Pirna und Blatt 45 Sächsische Schweiz/Bad Schandau, Sebnitz oder 1:10000 Gebiet Rathen/Hohnstein.
Wissenswertes Die *Napoleonschanze* von 1813 ist eine Befestigung aus der Zeit der napoleonischen Kriege. Sie diente der Sicherung der von Königstein nach Stolpen führenden Straße. Heute schenkt sie uns eine schöne Aussicht auf die Tafelberge und ins Böhmische.

Die Felswände des *Brand* (330 m) fallen steil in die Tiefe von Polenztal und Tiefem Grund, einer der schönsten Aussichtspunkte im Elbsandsteingebirge. Ein Panoramablick eröffnet die

Hohnstein

Hock-stein

Schindergraben

Eiche

Bären-garten

Freibad

DJH

P

P

Gautsch-grotte

Napoleon-schanze

Schanzberg
392 m

Steinbruchweg

Leichenweg

Polenztal

Ziegenrücken

Waldborn

Räumigtweg

Sauteich

Polenz

Waltersdorfer Mühle

Schulzengrund

Brandstraße

Dastell-löcher

Brand

Gastwirtschaft

Polenz

0   500 m

Hohnstein (Foto: Michael Klees)

Landschaft vom Großen Winterberg im äußersten Südosten über die Schrammsteine bis hin zu den Basteiwänden im Westen. In der Mitte beherrscht der unverwechselbare Lilienstein in der Ebenheit von Waltersdorf das Panorama. Direkt vor uns ragt der Kletterfelsen Brandscheibe empor.

Hohnstein und Umgebung siehe Tour 7.

Tourenbeschreibung Vom *Parkplatz* »Eiche« ausgehend folgen wir dem Fußgängerweg, der uns unterhalb des Friedhofs zur Straße nach Bad Schandau führt. Hier biegen wir sofort rechts in den gepflasterten Weg ein. Am *Freibad* schlüpfen wir durch die schmale Lücke der beiden Häuser, unterqueren eine *Fußgängerbrücke* und erreichen nach etwa einem halben Kilometer die nach Südwesten geöffnete *Napoleonschanze* auf dem *Schanzberg* (392 m).

Der Wanderweg knickt nun rechts ab. Nach etwa 100 Metern biegen wir links ab und stoßen nach weiteren 400 Metern auf den *Leichenweg*. Ihm folgen wir etwa 200 Meter nach links, biegen rechts ab und erreichen den *Lupinenweg* (gelber Strich). Hier rechts zur breiten *Brandstraße,* die wir nach wenigen Metern erreichen. Ihr folgen wir nach links zum *Brand* (blauer Strich).

Östlich der Brandgaststätte zweigt links vom Weg zu den Brandstufen (roter und blauer Strich) ein unmarkierter Pfad ab. Er führt zu einem Aussichtspunkt, der Einblick in den Tiefen Grund eröffnet.

Vom *Brand* wandern wir etwa 350 Meter auf dem Herweg zurück, biegen links in den *Schulzengrund* ein (roter Strich) und steigen ins *Polenztal* hinab. Unser Wanderweg führt an der am anderen Polenzufer liegenden Waltersdorfer Mühle vorbei, zieht nach rechts und etwa einen Kilometer den *Neuweg* bergauf. Dann biegen wir links in den *Räumigtweg* ein (grüner Strich). In weitem Bogen zum Steinbruchweg. Wir biegen links ab und wandern am ehemaligen Steinbruchgelände entlang. Nach etwa einem Kilometer im Rechtsbogen um den *Kleinen Halben*. In der folgenden scharfen Linkskurve zweigt ein Pfad zur *Gautschgrotte* ab.

Der markierte Wanderweg trifft an den Resten der unteren Begrenzungsmauer des *Bärengartens* den durch den *Schindergraben* hinaufziehenden Weg. Hier rechts und steil bergauf nach *Hohnstein*.

9 Hohnstein – Brand – Tiefer Grund – Polenztal – Hohnstein

Verkehrsmöglichkeiten B 172 bis Pirna und weiter über Lohmen. Busverbindung auf den Strecken Sebnitz – Pirna und Bastei – Bad Schandau, über Stolpen mit Pirna und über Neustadt mit Bischofswerda.

Parkmöglichkeiten Kleiner Parkplatz auf dem Hohnsteiner Marktplatz, großer Parkplatz »Eiche« am östlichen Ortsrand an der Straßengabelung Sebnitz – Bad Schandau.

Wegmarkierungen Blauer Strich bis zur Frinzthalmühle, roter Punkt bis zur Ferienpension Polenztal, dann grüner Diagonalstrich des Naturlehrpfades.

Tourenlänge 11 Kilometer.

Wanderzeit 3½ Stunden.

Höhenunterschiede 210 Höhenmeter.

Wanderkarte 1:25000 Blatt 43 Sächsische Schweiz/Pirna und Blatt 45 Sächsische Schweiz/Bad Schandau, Sebnitz oder 1:10000 Gebiet Rathen/Hohnstein.

Wissenswertes Ein bequemer Weg führt uns zum *Brand*, einem der schönsten Aussichtspunkte im Elbsandsteingebirge. Über fast 800 Stufen steigen wir steil hinab in den *Tiefen Grund*, wandern durch das romantische *Polenztal* und erreichen *Hohnstein* wieder nach kurzem, aber steilem Aufstieg.

Im *Tiefen Grund* befand sich wahrscheinlich bereits im 13. Jahrhundert eine Straße. Eine traurige Sage erzählt von zwei

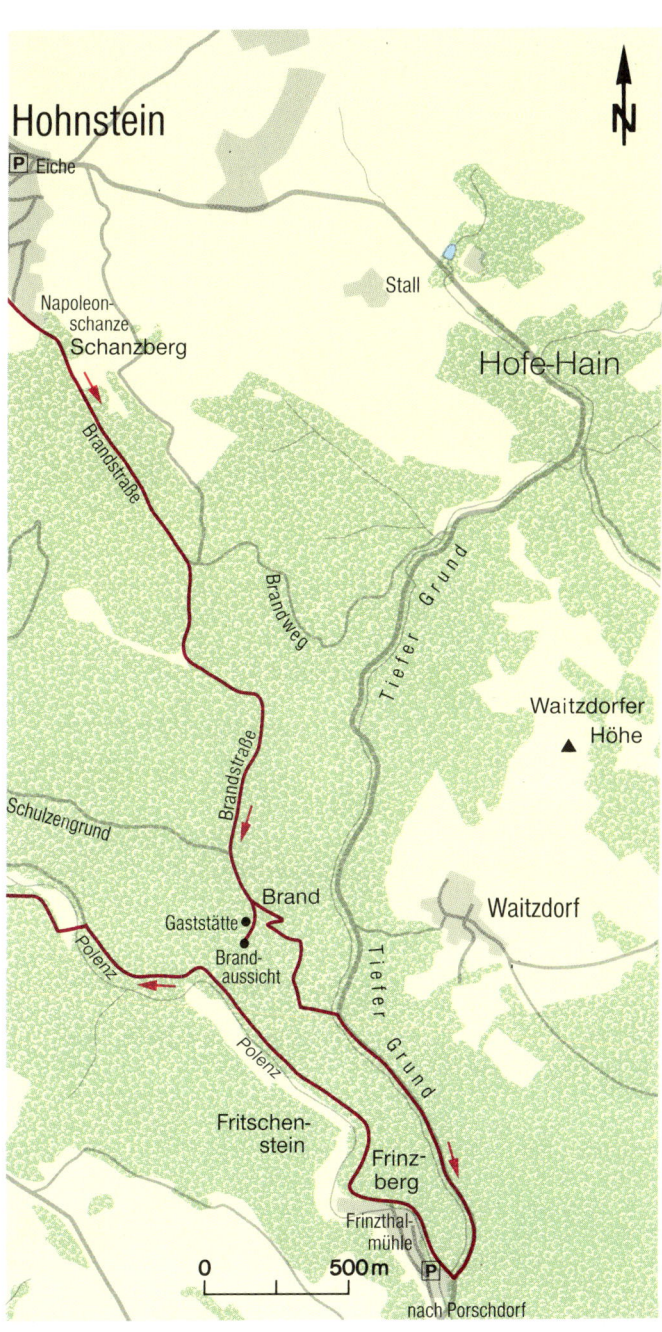

Brandaussicht (Foto: Norbert Forsch)

jungen Männern, die sich hier im eifersüchtigen Streit um ein Mädchen ein Sensenduell lieferten. Ein Widersacher kam um, der andere floh, das Mädchen starb aus Kummer. Ein kurzes Wegstück oberhalb der Einmündung der Brandstufen in den Tiefen Grund finden wir rechter Hand eine in den Stein geschlagene Sense mit Jahreszahl, die an den Streit erinnert.

Hohnstein siehe Tour 7, *Brand* siehe Tour 8, *Polenztal* siehe Tour 2.

Tourenbeschreibung   Vom *Parkplatz Eiche* bergauf entlang der *Max-Jacob-Straße,* an der Post und am Kindergarten vorbei geradewegs in den Laubwald. Die breite und bequeme *Brandstraße* führt am *Waldborn* vorbei zur *Brandaussicht* nahe der *Gaststätte.*

Wir gehen ein kurzes Stück des Herweges zurück und biegen rechts ab (blauer Strich, Richtung Porschdorf). Der linke Zweig der folgenden Gabelung führt zu einem Aussichtspunkt, der Einblick in den Tiefen Grund eröffnet (unmarkiert). Der markierte Wanderweg führt über die *Brandstufen* hinab zur Verkehrsstraße im *Tiefen Grund.*

Wir folgen der Straße etwa einen Kilometer nach rechts Richtung Bad Schandau, biegen rechts ab (roter Punkt), passieren linker Hand die *Frinzthalmühle* und folgen auf breitem Weg dem Lauf der *Polenz* Richtung Quelle. Nach etwa anderthalb Kilometern wechseln wir ans andere Ufer. Bei einem großen Anwesen zieht unser Weg nach links von der Polenz weg, steigt

52

an, quert einen Zufluß, führt wieder ans Polenzufer zurück und erreicht wenig später die Waltersdorfer Mühle.

Nun folgen wir etwa zweieinhalb Kilometer dem Polenzufer und stoßen unmittelbar vor der *Gaststätte Polenztal* auf den *Hohnsteiner Naturlehrpfad* (grüner Diagonalstrich).

Wir biegen rechts ab, überqueren die *Polenz*, wandern durch den *Schindergraben* und erreichen die Reste der unteren Begrenzungsmauer des *Bärengartens*. Hier wurden Bären für die kurfürstlichen Hetzjagden gehalten. Seit 1887 erinnert ein in den Fels geschlagenes Portrait an Pfarrer W. L. Götzinger (1758–1818), bekannter Erforscher der Sächsischen Schweiz.

Ein Abstecher nach rechts zur *Gautschgrotte* bietet sich an (ebenfalls mit grünem Diagonalstrich markiert). Wir können dem grünen Diagonalstrich weiter bergauf durch den *Bärengarten* folgen und *Hohnstein* bereits in wenigen Minuten erreichen.

10 Königstein – Diebshöhle am Quirl – Pfaffenstein – Königstein

Verkehrsmöglichkeiten   Königstein liegt am linken Elbufer an der B 172. Bahnstation auf der Strecke Dresden – Schöna. Busverbindung auf den Linien Dresden – Hinterhermsdorf, Pirna – Cunnersdorf, Bad Schandau – Cunnersdorf, über Leupoldishain mit Pirna, über Rosenthal mit der Schweizermühle und zwischen Königstein und der Festung. Schiffsverbindung.

Parkmöglichkeiten   Im Ort an der B 172 beim Bahnviadukt. Hier befinden sich Busbahnhof und Touristeninformation.

Wegmarkierungen   Roter Punkt bis kurz vor den Pfaffenstein, dann grüner Punkt.

Tourenlänge   8 Kilometer.

Wanderzeit   3 Stunden. Für die nähere Erkundung des Pfaffensteins sollte man zwei Stunden zusätzlich veranschlagen.

Höhenunterschiede   350 Höhenmeter.

Wanderkarte   1 : 25 000 Blatt 44 Sächsische Schweiz/Kurort Berggießhübel, Kurort Bad Gottleuba, Bielatal.

Wissenswertes   Steil steigen wir zum Quirl hinauf und wandern bequem zur größten Höhle der Sächsischen Schweiz. Wir erklimmen den zerklüfteten Pfaffenstein, besuchen die berühmte Felsnadel Barbarine und erkunden die geheimnisvolle Goldschmidthöhle.

Königstein wurde 1579 erstmals erwähnt. Die Stadt zählt rund 4500 Einwohner. Nahe dem ehemaligen Wohnhaus des Bachfor-

schers Wilhelm Werker (1873–1948) können wir eine alte Postmeilensäule von 1727 besichtigen. Die Kursächsischen Postmei-
lensäulen sind Zeugen für die zur damaligen Zeit sehr fort-
schrittliche Landvermessung, die Adam Friedrich Zürner
(1680–1742) im Auftrag von August dem Starken durchgeführt
hat. Die Marienkriche stammt von 1720/24. Sie wurde nach den
Plänen George Bährs, des Schöpfers der Dresdner Frauenkirche
erbaut und nach ihrem Abbrennen klassizistisch ausgestaltet.

Die *Diebshöhle* am Quirl ist 29 Meter lang, 8 Meter breit, 2–4
Meter hoch und somit die größte Schichthöhle des Elbsandsteingebirges. Sie wurde zeitweise zu Ehren des Geologen Gutbier
mit seinem Namen benannt. Der steinerne Tisch in der Höhle
stammt von 1755. Er wurde für Jagdgesellschaften aufgestellt.
An der Südwestseite des Quirls befinden sich die schwierig zu-
gänglichen Sterlhöhlen. Dort hielt sich 1885 eine Räuberbande
versteckt. – *Pfaffenstein* siehe Tour 44.

Blick vom Lilienstein: Königstein   (Foto: Michael Klees)

Tourenbeschreibung   Vom *Bahnviadukt* entlang der *Bielatalstraße* in den Ort (roter Punkt), rechts an der *Postmeilensäule*
vorbei und links in die nach Pfaffendorf führende Straße. Sie
führt steil zum *Gasthof Charlottenburg* hinauf und biegt dort
scharf links ab. Wir aber halten uns geradeaus, wandern auf
breitem Weg etwa einen halben Kilometer in den Wald hinein,
schlagen dann den links steil bergaufführenden *Dreirutenweg*
ein. Auf der Höhe biegen wir rechts ab.

Tafelberge in der Sächsischen Schweiz (Pfaffenstein) (Foto: Michael Klees)

Unser Wanderweg wird nun bequemer und schlängelt sich als Pfad sanfter bergauf. Bald erreichen wir zur Linken dicht am Wegrand die große *Diebshöhle* mit dem *Steinernen Tisch*. Wir befinden uns nun auf der *Quirlpromenade*. Sie führt talwärts, wieder leicht bergauf, verengt sich zu einem buchengesäumten Pfad und läuft dann durch hochstämmigen Wald den Südwesthang des Berges entlang. Nach einem längeren Wegstück verbreitert sich der Pfad wieder zum Weg. Wir passieren die links zum Aussichtspunkt (349 m) hinaufführende Abzweigung, treten alsbald aus dem Wald und haben den *Quirl* somit fast zur Gänze umrundet.

Am Waldrand biegen wir scharf rechts ab und treffen nach wenigen Metern auf einen breiten Querweg. Hier links. Wir biegen nach etwa 100 Metern links ab und erreichen auf etwas schmalerem Weg eine Kreuzung mit Wegweiser. Der rechte Weg führt Richtung Bielatal (grüner Punkt). Wir biegen links ab (roter und grüner Punkt), steigen steil bergauf und überqueren eine Wiese. Zur Linken sehen wir die Festung Königstein und den Lilienstein. Dann tauchen wir wieder in den Wald und erreichen eine Kreuzung mit Wegweisern am Fuß des Pfaffensteins.

Wir halten uns geradeaus (grüner Punkt) und queren die Überreste eines bronzezeitlichen Walles. Indem wir der Windung des befestigten Weges folgen, erreichen wir den bequemen Aufstieg beim *Jäckelfelsen* nahe der Höhle Kleiner Kuhstall. Es gibt nun zwei Möglichkeiten. Rechts führt ein breiter Weg hinauf. Gehen wir ein wenig nach links, können wir rechts abbiegen

und durch eine schmale Klamm hinaufsteigen. Beide Wege enden am Hauptpfad (grüner Punkt), der das Plateau in Nord-Süd-Richtung durchzieht.

Der Weg durch die *Klamm* endet nahe der *Berggaststätte*. Wir biegen rechts ab. Der Pfad führt talwärts und gabelt sich. Der rechte Zweig ist Teil des bequemen Aufstiegs. Wir halten uns links und erreichen linker Hand eine Aussicht (roter Strich). Über Felsen steigend und schließlich durch eine enge Kluft schlüpfend, erreichen wir die Aussicht auf die fragile *Barbarine*.

Auf dem Herweg gehen wir zurück. Etwa 70 Meter hinter der Berggaststätte zweigt vom Hauptweg links ein Pfad ab und führt

56

zu den weit über den Abgrund vorgeschobenen *Opferkesseln* und weiter zu dem Felsen *Luftballon* (roter Strich). Auch von hier genießen wir eine schöne Aussicht.

Wir gehen zum Hauptpfad zurück und folgen ihm wieder ein kurzes Wegstück. Rechts zweigt ein Pfad ab und führt zu einer *Aussichtsplattform* (gelber Strich). Bei gutem Wetter können wir bis zum Hohen Schneeberg blicken. Von hier führt uns ein beschwerlicher, aber gut gesicherter Pfad weiter talwärts zur *Goldschmidthöhle* (blauer Strich). Ohne Markierung wäre sie kaum zu finden, ein geniales Versteck.

Wir gehen wieder zum Hauptweg zurück und erreichen nach wenigen Metern den Abstieg durch das *Nadelöhr*. Eisenleitern führen uns steil bergab durch die enge Kluft zum Fuß des Steines. Dem befestigten Weg folgen wir talwärts Richtung Pfaffendorf, biegen aber nach etwa 200 Metern links ab. Wir stoßen auf einen *Sportplatz* und biegen rechts ab, halten uns geradeaus talwärts, treffen auf die Verkehrsstraße, der wir nach links talwärts folgen, erreichen nach einem kurzen Wegstück eine *Infotafel,* biegen rechts ab, stoßen auf die *Bielatalstraße* und folgen ihr zum *Eisenbahnviadukt* zurück.

 ## Königstein – Festung Königstein – Labyrinth – Bielatal – Pfaffenstein – Königstein

Verkehrsmöglichkeiten Königstein liegt am linken Elbufer an der B 172. Bahnstation auf der Strecke Dresden – Schöna. Busverbindung auf den Strecken Dresden – Hinterhermsdorf, Pirna – Cunnersdorf, Bad Schandau – Cunnersdorf, über Leupoldishain mit Pirna, über Rosenthal mit der Schweizermühle und zwischen Königstein und der Festung. Schiffsverbindung.

Parkmöglichkeiten Im Ort an der B 172 beim Bahnviadukt. Hier befindet sich auch der Busbahnhof und die Touristeninformation.

Wegmarkierungen Roter Punkt bis zur Festung, blauer Strich bis zur Abzweigung zum Labyrinth, dann grüner Punkt bis Anschluß blauer Strich. Ab Bielatal wieder grüner Punkt.

Tourenlänge 19 Kilometer. **Wanderzeit** 8 Stunden.

Höhenunterschiede 730 Höhenmeter.

Wanderkarte 1:25 000 Blatt 43 Sächsische Schweiz/Pirna und Blatt 44 Sächsische Schweiz/Kurort Berggießhübel, Kurort Bad Gottleuba, Bielatal.

Wissenswertes Eine ausgedehnte Tagestour für geübte Wanderer. Sie ist zwar in acht Stunden zu bewältigen, um den Sehenswürdigkeiten ein wenig gerecht zu werden, sollte man allerdings zehn bis zwölf Stunden veranschlagen. Die Wege sind bequem. Schwierige Passagen mit teilweise starken Steigungen stehen bei der näheren Erkundung des Pfaffensteins und des Labyrinths zur Wahl.

Das *Labyrinth* macht seinem Namen alle Ehre. Ein markierter Rundgang führt über 30 Stationen durch das zerklüftete Felsgebilde. Es ist ein besonderes Erlebnis für Kinder. Von Nikolsdorf oder Bielatal können wir es auch in kurzer Zeit erreichen (blauer Strich).

Königstein siehe Tour 10, *Bielatal siehe* Tour 13, *Festung Königstein* siehe Tour 43, *Pfaffenstein* siehe Tour 44.

Tourenbeschreibung Vom *Bahnviadukt* ausgehend queren wir die B 172 und den *Busbahnhof,* biegen in die *Hainstraße* ein und folgen der *Pirnaer Straße* nach rechts (roter Punkt).

(Geradeaus führt der mit blauem Strich markierte Steilaufstieg an der Palmschenke vorbei zur Festung.)

Beim Denkmal für den Komponisten E. Julius Otto biegen wir links ab, spazieren an seinem Geburtshaus vorbei und treffen wieder auf die B 172. Wir folgen ihr etwa 150 Meter bergauf, biegen dann links in die schmale, 1803 gepflasterte Festungsstraße ein. Sie zieht nach links und erreicht immer steiler werdend die *Festung Königstein.*

Noch bevor wir den Eingang zur Festung erreichen, führt unser Rundweg rechts talwärts. Ein Wegweiser gibt die Entfernung zum Labyrinth mit zwei Stunden an (blauer Strich). Der Weg läuft bald an Wiesengelände entlang und erreicht die Waldecke beim großen *Parkplatz* an der B 172. Hier biegen wir links in einen Pfad ein, wandern etwa 400 Meter nahe am Waldrand entlang, biegen dann links in den *Eselsweg* ein, folgen ihm etwa 500 Meter, biegen dann scharf rechts ab.

Der Weg verengt sich zu einem schmalen Pfad. Wir erreichen die nach Leupoldishain führende Verkehrsstraße, folgen ihr wenige Meter nach links, wählen dann den zweiten rechts abbiegenden, asphaltierten Weg. An folgender Gabelung rechts. Nach etwa 500 Metern gabelt sich der Weg erneut. Hier links. Wir folgen nun etwa zweieinhalb Kilometer dem *Hirschstangenweg* durch dichten Wald. Er lichtet sich mehrmals und schenkt überraschende Aussichten auf den Pfaffenstein und die Festung. Dann kreuzen wir einen breiten Weg und wandern bergauf (grüner Punkt). Wir erreichen zur Linken einen kleinen *Rastplatz* und biegen rechts ab zum nahen *Labyrinth* (unmarkiert).

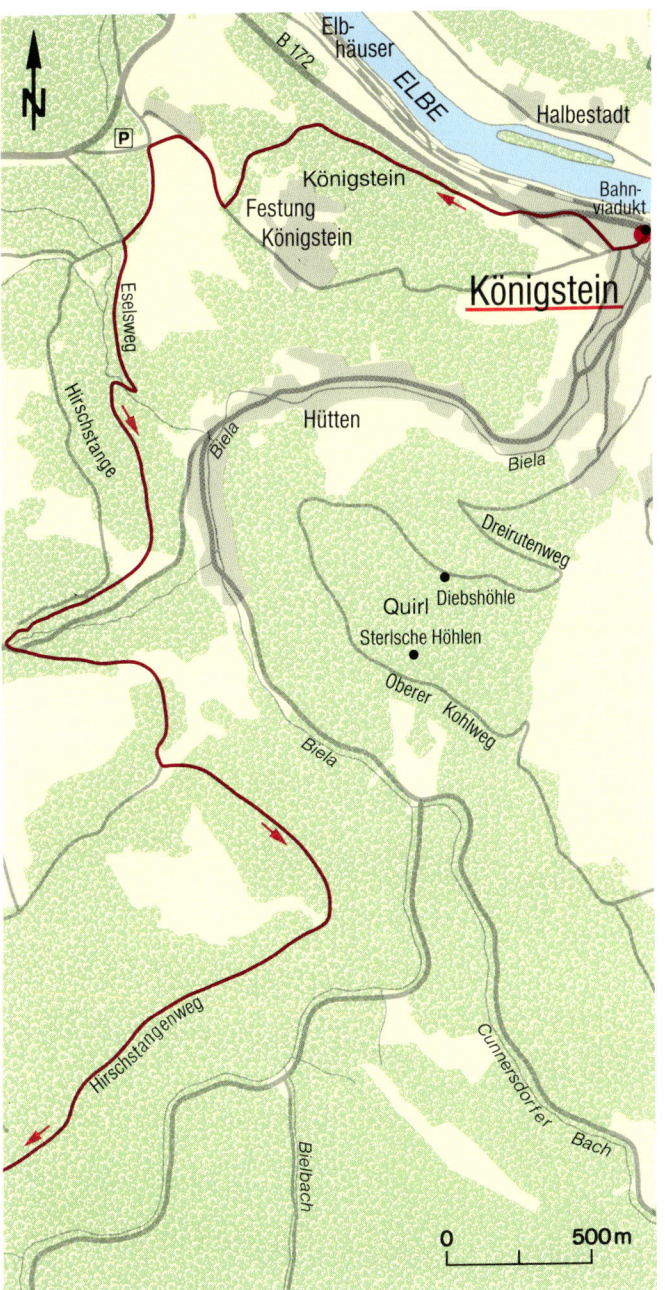

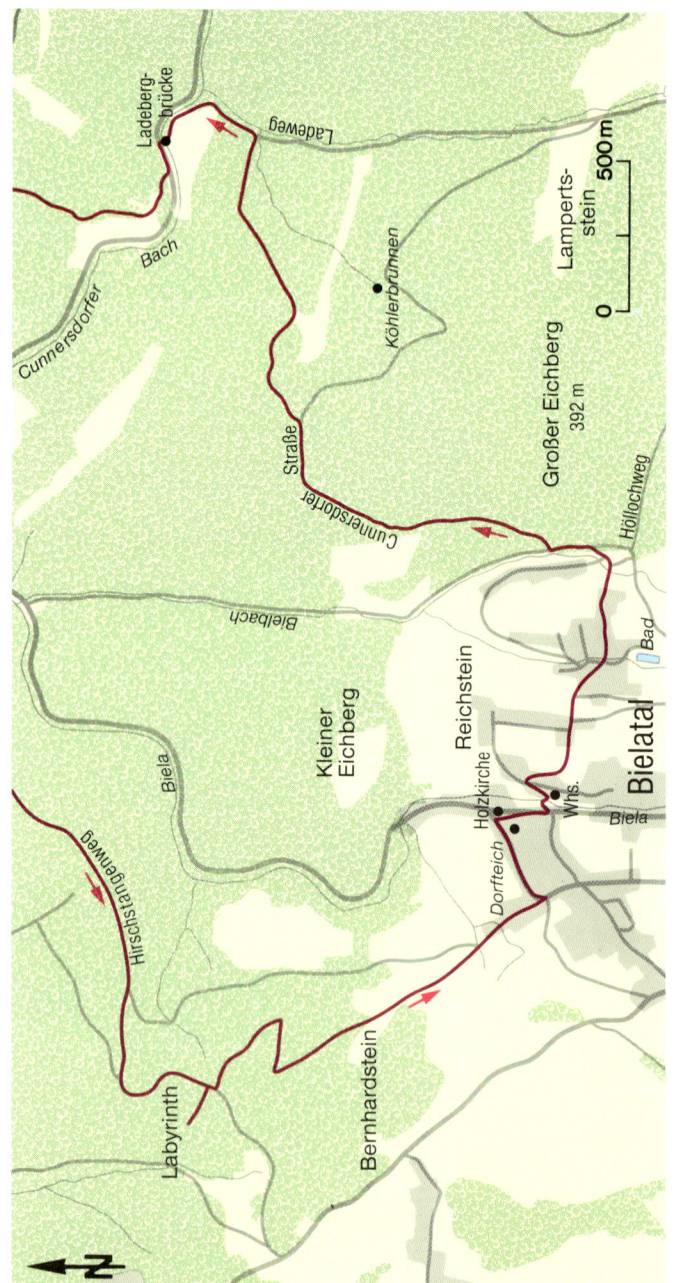

Nach der Erkundung spazieren wir zu dem mit grünem Punkt markierten Weg zurück, folgen ihm etwa 50 Meter nach rechts, biegen dann links ab (blauer Strich). Nach etwa zehn Metern biegen wir rechts in einen schmalen Pfad ein. Er mündet in einen etwas breiteren Weg, der uns bald rechts hinauf und über den *Bernhardstein* hinab nach *Bielatal* führt.

Wir treten oberhalb des Friedhofs aus dem Wald, wandern über einen Wiesenpfad in den Ort, halten uns geradeaus, treffen bei einem Sportgelände auf die Kurve der Vorfahrtsstraße und folgen ihr nach links talwärts (unmarkiert, der blaue Strich läuft weiter geradeaus).

Nun spazieren wir am *Dorfteich* vorbei, biegen bei der kleinen *Holzkirche* rechts ab und erreichen über den historischen *Mühlweg* die *Telefonzelle* und die *Bushaltestelle,* indem wir die *Talstraße* queren. Hier überschreiten wir die *Biela* und wandern auf der *Reichsteiner Straße* bergauf (grüner Punkt). Sie zieht gleich scharf nach rechts, quert bald den *Reichsteiner Bach* und erreicht den Waldrand. Hier links und nach etwa 100 Metern rechts in die *Cunnersdorfer Straße,* der wir etwa einen Kilometer folgen.

Etwa zehn Meter vor einem kleinen Rastplatz biegen wir links in einen schmalen Pfad ein, wandern steil talwärts, queren bald einen Waldweg und stoßen auf einen breiten Forstweg. Hier links. Er führt uns zur Straße Königstein – Cunnersdorf. Ihr folgen wir etwa 100 Meter nach links, biegen dann rechts ab (grü-

Festung Königstein (Foto: Norbert Forsch)

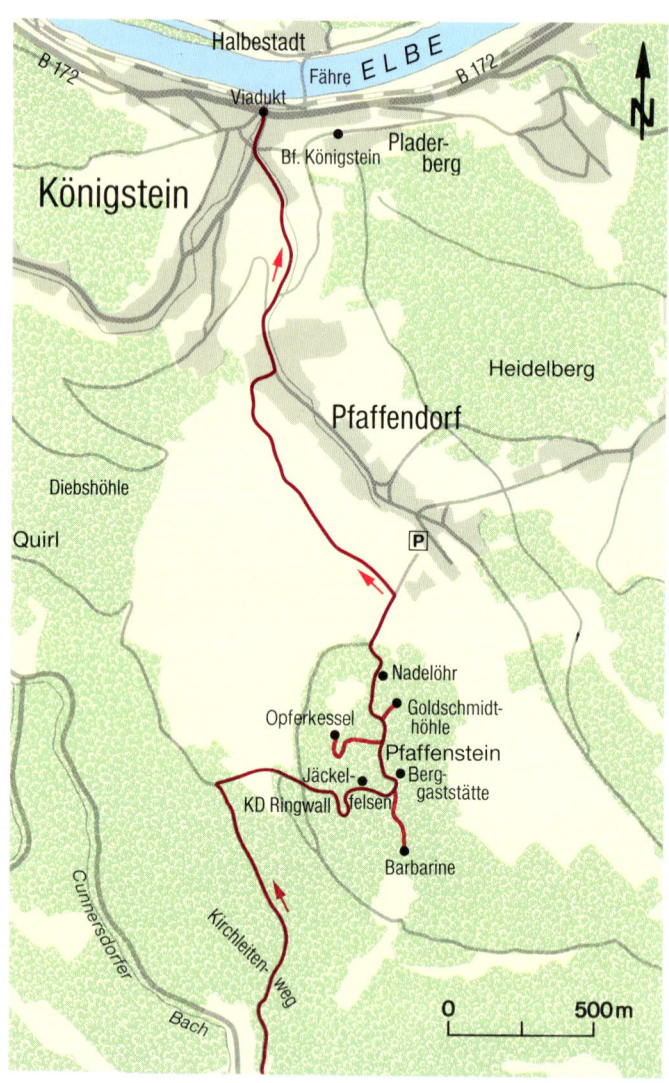

ner Punkt und grüner Strich). Bergauf und an folgender Gabelung links. Bald wandern wir auf gleichbleibender Höhe auf breitem Weg. Er zieht bald nach rechts und quert den breiten *Kirchleitenweg*. An folgender Gabelung links. Nach dann etwa 100 Metern gabelt sich der Weg erneut. Wir halten uns rechts. Steil bergauf. Wir überqueren eine Wiese. Zur Linken sehen wir die Festung Königstein und den Lilienstein. Dann tauchen wir wieder in den Wald und erreichen eine Kreuzung mit Wegweisern am Fuß des Pfaffensteins.

Wir halten uns geradeaus (grüner Punkt) und queren die Überreste eines bronzezeitlichen Walles. Indem wir der Windung des befestigten Weges folgen, erreichen wir den bequemen Aufstieg beim *Jäckelfelsen* nahe der Höhle Kleiner Kuhstall.

Es bestehen zwei Möglichkeiten. Rechts führt ein breiter Weg hinauf. Gehen wir ein wenig nach links, können wir rechts abbiegen und durch die schmale Klamm hinaufsteigen. Beide Wege enden am Hauptpfad (grüner Punkt), der das Plateau in Nord-Süd-Richtung durchzieht.

Der Weg durch die *Klamm* endet nahe der *Berggaststätte*. Hier biegen wir rechts ab. Der Pfad führt talwärts und gabelt sich. Der rechte Zweig ist Teil des bequemen Aufstiegs. Wir halten uns links und erreichen linker Hand eine Aussicht (roter Strich). Über Felsen steigend und schließlich durch eine enge Kluft schlüpfend, erreichen wir die Aussicht auf die berühmte Felsnadel *Barbarine*.

Auf dem Herweg gehen wir zurück. Etwa 70 Meter hinter der Berggaststätte zweigt vom Hauptweg links ein Pfad ab und führt zu den weit über den Abgrund vorgeschobenen *Opferkesseln* und weiter zu dem Felsen *Luftballon* (roter Strich).

Wir gehen zum Hauptweg zurück und folgen ihm wieder ein kurzes Wegstück. Rechts zweigt ein Pfad ab und führt zu einer Aussichtsplattform (gelber Strich). Bei gutem Wetter können wir bis zum Hohen Schneeberg blicken. Von hier führt uns ein beschwerlicher, aber gut gesicherter Pfad weiter talwärts zur Goldschmidthöhle (blauer Strich). Ohne Markierung wäre sie kaum zu finden, ein geniales Versteck!

Zum Hauptweg zurück und nach wenigen Metern durch das *Nadelöhr* absteigen. Eisenleitern führen uns steil bergab durch die enge Kluft zum Fuß des Steines. Dem befestigten Weg folgen wir talwärts Richtung Pfaffendorf, biegen aber nach etwa 200 Metern links ab. Wir stoßen auf einen *Sportplatz* und biegen rechts ab, halten uns geradeaus talwärts, treffen auf die Verkehrsstraße, der wir nach links talwärts folgen, erreichen nach einem kurzen Wegstück eine *Infotafel,* biegen rechts ab, stoßen auf die *Bielatalstraße* und folgen ihr zum *Eisenbahnviadukt* zurück.

12 Kurort Gohrisch – Gohrisch – Papststein – Kleinhennersdorfer Stein – Kurort Gohrisch

Verkehrsmöglichkeiten B 172 über Pirna bis hinter Königstein, Landstraße bis Kurort Gohrisch. Haltestelle der Buslinie Bad Schandau – Cunnersdorf.

Parkmöglichkeiten Parkplatz im Ort an der Straßengabelung Bad Schandau – Cunnersdorf. Papststein und Gohrisch erreicht man jeweils in kürzester Zeit ab dem Parkplatz an der Gabelung der Straßen Kurort Gohrisch – Papstdorf – Cunnersdorf.

Wegmarkierungen Zu Beginn gelber Punkt, dann örtliche Wegweiser. Mit dem roten Tropfen über den Papststein, dann wieder örtliche Wegweiser.

Tourenlänge 5 Kilometer.

Wanderzeit 3 Stunden.

Höhenunterschiede 300 Höhenmeter.

Wanderkarte 1:25 000 Blatt 44 Sächsische Schweiz/Kurort Berggießhübel, Kurort Bad Gottleuba, Bielatal und Blatt 45 Sächsische Schweiz/Bad Schandau, Sebnitz.

Wissenswertes Kurze, aber steile Aufstiege führen zu drei sehr verschiedenen Steinen.

Der *Gohrisch* (448 m) bietet eine Vielzahl schöner Aussichtspunkte. Am nördlichen Plateaurand befindet sich die *Schwedenhöhle*. Sie soll früher Zufluchtsort für Verfolgte gewesen sein. An seinem östlichen Fuß liegt der Eingang zu einem rund 80 Meter langen Bergwerksstollen. Der Grund der Anlage ist nicht schlüssig geklärt. Wegen eines Specksteinvorkommens wird er *Specksteinstollen* genannt. Er ist aus Sicherheitsgründen und zum Schutz der dort lebenden Fledermäuse gesperrt.

Auch die Aussichten vom *Papststein* (451 m) sind beeindruckend. Neben der Gaststätte auf dem Gipfel steht ein Aussichtsturm. An der Südseite des Papststeins erfolgte 1972 ein mächtiger Felssturz, der im Wald eine breite Schneise hinterlassen hat. Heute ist sie wieder weitgehend zugewachsen.

Der *Kleinhennersdorfer Stein* (392 m) wird wenig besucht. Er bietet nur geringe Aussichten und ist stark verwittert. Die große Lichterhöhle und die Hampelhöhle an seiner Südseite lohnen den Aufstieg aber allemal. Um die Jahrhundertwende wurde hier Sandstein zu Scheuersand verarbeitet.

Kurort Gohrisch wurde 1437 erstmals urkundlich erwähnt. Der knapp 900 Einwohner zählende Ort ist seit Ende des 19. Jahrhunderts eine beliebte Sommerfrische. In der Pladerbergstraße 43 b befindet sich das »Grenzstein-Lapidarium«. Es prä-

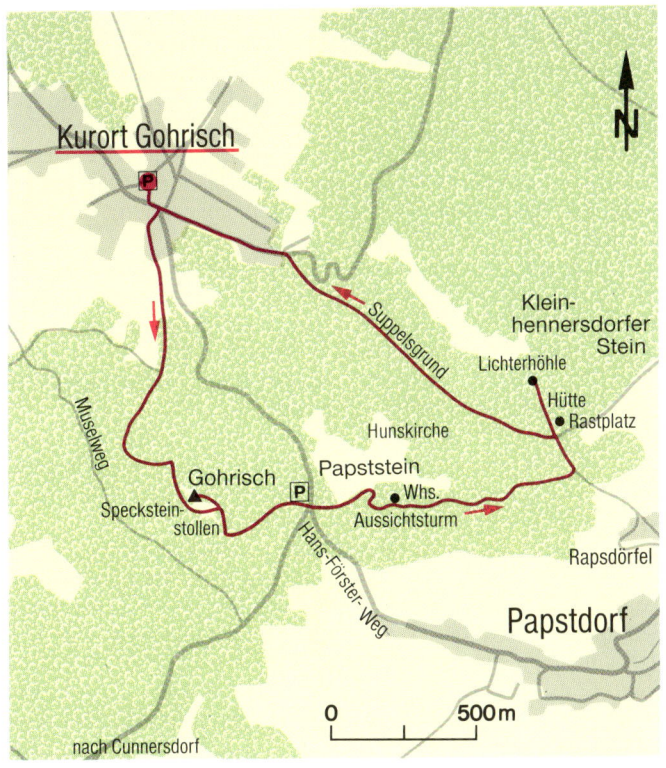

sentiert die Geschichte der Grenzsteine in der Sächsischen Schweiz.

Tourenbeschreibung Wir beginnen die Wanderung am *Parkplatz* im *Kurort Gohrisch,* folgen der Verkehrsstraße Richtung Papstdorf etwa 20 Meter, biegen dann rechts ab (gelber Punkt). Am Waldrand entlang, dann in den Wald. Die Markierung biegt bald rechts ab. Wir halten uns geradeaus und wandern durch den *Stillen Grund.* Bald lichtet sich der Wald. Der Weg zieht nach links, wird zu einem schmalen Pfad, steigt beträchtlich an und stößt auf einen breiten Weg. Ihm folgen wir nach rechts, biegen nach etwa 30 Metern links ab, biegen nach weiteren 20 Metern wieder links ab und steigen zum *Gohrisch* hinauf. Vom zentralen Aussichtspunkt sehen wir unser nächstes Ziel, den Papststein.

Ein Pfad führt durch eine enge Kluft über Stufen hinab zum *Parkplatz* an der Gabelung der Straßen Kurort Gohrisch –

Papstdorf – Cunnersdorf. Kurz vor dem Parkplatz finden wir linker Hand den etwas versteckt gelegenen Eingang zum *Specksteinstollen*.

Wir queren die Straße Kurort Gohrisch – Papstdorf und folgen den Treppen bergauf (roter Tropfen). Bereits jetzt haben wir eine schöne Aussicht auf den Lilienstein. Auf der Höhe erreichen wir die *Gaststätte* und den Aussichtsturm. Eine Erkundung der Umgebung führt zu weiteren lohnenden Aussichtspunkten.

Der Abstieg führt talwärts Richtung Papstdorf. Bald zieht der breite Weg nach links. Wir biegen rechts in einen schmalen Pfad ein (roter Punkt). Auf vielen Stufen durchwandern wir eine Kluft, halten uns dann links und erreichen den Talweg. Hier links (Wegweiser: Kleinhennersdorfer Stein, unmarkiert). An der gleich folgenden Gabelung rechts.

Nach wenigen Metern erreichen wir einen kleinen *Rastplatz*, kreuzen einen Weg, steigen auf steinigem Pfad steil bergauf, halten uns an dessen Teilung links und erreichen die Höhlenwelt des *Kleinhennersdorfer Steins*.

Wir spazieren zum kleinen *Rastplatz* zurück, biegen rechts ab und treffen wieder auf den bereits bekannten Talweg. Wir folgen ihm nach rechts, queren einen Weg und biegen bald links in den *Suppelsgrund* ein (Wegweiser: Kurort Gohrisch). Der Weg zieht bald in eine scharfe Rechtskurve, nähert sich der Verkehrsstraße und erreicht den Ortsrand von *Kurort Gohrisch*. Ein Fußgängerweg führt uns entlang der Verkehrsstraße zum Ausgangspunkt zurück.

13 Ottomühle – Bielatal – Grenzplatte – Ottomühle

Verkehrsmöglichkeiten B 172 über Pirna nach Krietzschwitz und weiter über Bielatal und Schweizermühle zur Ottomühle oder von Königstein auf der Bielatalstraße. Mit dem Bus von Königstein über Rosenthal zur Schweizermühle und weiter zu Fuß etwa einen Kilometer das Bielatal aufwärts zur Ottomühle.
Parkmöglichkeiten Parkplatz »Bielagrund« kurz vor der Ottomühle.
Wegmarkierungen Unmarkiert zu Beginn, dann gelber Strich bis Anschluß roter Strich.
Tourenlänge 8 Kilometer. **Wanderzeit** 2½ Stunden.
Höhenunterschiede 150 Höhenmeter.

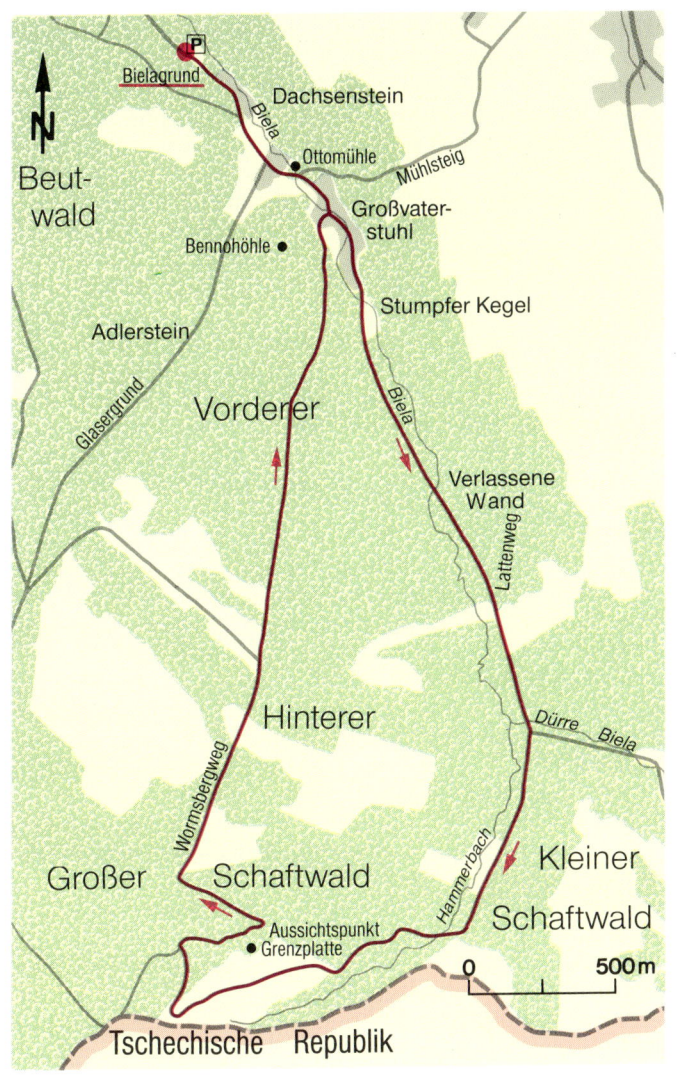

N

Beut-
wald

Bielagrund

P

Dachsenstein

Biela

Ottomühle

Mühlsteig

Großvater-
stuhl

Bennohöhle

Stumpfer Kegel

Adlerstein

Biela

Vorderer

Verlassene
Wand

Glasergrund

Lattenweg

Hinterer

Dürre   Biela

Wormsbergweg

Kleiner

Großer   Schaftwald

Schaftwald

Hammerbach

Aussichtspunkt
Grenzplatte

0   500m

Tschechische   Republik

Wanderkarte 1:25 000 Blatt 44 Kurort Berggießhübel, Kurort Bad Gottleuba, Bielatal.

Wissenswertes Ein bequemer Forstweg führt uns durch das obere *Bielatal*, eine bizarre und filigrane Felslandschaft. Seit über 100 Jahren bilden die Nadeln, Türme und Kegel ein bevorzugtes Klettergebiet. Wir steigen steil zum Aussichtspunkt *Grenzplatte* hinauf und wandern durch tiefen Wald zurück.

Die *Ottomühle* (16. Jh.) gehört zusammen mit den dortigen Anwesen zur Gemeinde Rosenthal. Wie alle Mühlen an der Biela wurde sie schon vor langer Zeit stillgelegt. Das Gebäude wird heute als Ferienheim genutzt.

Am Rande des beschriebenen Weges liegt das *Schwedenloch*. Etwa 500 Meter von der Ottomühle entfernt können wir kurz vor der vierten Brücke links in einen bergauf führenden Pfad einbiegen. Wir folgen ihm etwa 300 Meter und erreichen es in der Nähe des Spannagelturms. Mit etwas Glück finden wir darin eine Eisgrube. Im Winter eingefangene Kaltluft hindert das Eis lange Zeit am Abtauen.

Abseits des beschriebenen Weges liegt die *Bennohöhle*. Von der Ottomühle ausgehend folgen wir dem Glasergrund ein kurzes Wegstück, biegen dann links ab. Sie birgt an der hinteren Wand die nur noch schwach erkennbare Zeichnung eines Kelches und die Inschrift M.z.Donjn +++ 1401 Benno.

Tourenbeschreibung Vom *Parkplatz* ausgehend spazieren wir geradewegs an der *Bergwacht* vorbei auf breiter Forststraße in das *Bielatal* (unmarkiert). Nach etwa zwei Kilometern überschreiten wir die *Dürre Biela* nahe ihrer Vereinigung mit dem Hammerbach zur Biela. An folgender Gabelung halten wir uns rechts (gelber Strich), biegen dann nach etwa 600 Metern rechts in einen etwas schmaleren Weg ein und überschreiten den *Hammerbach*.

Der Weg verengt sich zu einem Pfad, wird langsam steiler, erreicht Grenzpfosten, zieht scharf nach rechts, schlängelt sich auf die Höhe und trifft auf einen quer verlaufenden Pfad (roter Strich). Hier rechts. Nach einem kurzen Wegstück erreichen wir in einem hellen Birkenwäldchen die etwas rechts unseres Weges liegende *Grenzplatte*. Aus der Tiefe leuchten die roten Dächer Ostrovs (Eiland) herauf. Der Blick reicht weit ins Böhmische bis zum Hohen Schneeberg.

Wir folgen dem Wanderweg in bisheriger Richtung, stoßen nach etwa 100 Metern auf eine Gabelung und biegen links ab. Am folgenden Querweg rechts. Wir wandern nun auf dem *Wormsbergweg* geradewegs durch den *Großen Schaftswald*. Das letzte Wegstück führt uns steil hinab zum Ausgangspunkt.

14 Ottomühle – Rosenthal – Fuchsteich – Bielatal – Ottomühle

Verkehrsmöglichkeiten B 172 über Pirna nach Krietzschwitz und weiter über Bielatal und Schweizermühle oder von Königstein auf der Bielatalstraße. Mit dem Bus von Königstein über Rosenthal zur Schweizermühle und weiter zu Fuß etwa einen Kilometer das Bielatal aufwärts zur Ottomühle.

Parkmöglichkeiten Parkplatz »Bielagrund« kurz vor der Ottomühle.

Wegmarkierungen Grüner Punkt und roter Strich bis Anschluß grüner Strich. Ab Fuchsteich gelber Strich, ohne Markierung durch das Bielatal.

Tourenlänge 13 Kilometer.

Wanderzeit 3½ Stunden.

Höhenunterschiede 220 Höhenmeter.

Wanderkarte 1:25000 Blatt 44 Kurort Berggießhübel, Kurort Bad Gottleuba, Bielatal.

Wissenswertes Eine ruhige Wanderung auf bequemen Wegen durch den wenig besuchten Wald nahe der Grenze zur Tschechischen Republik.

Ottomühle und *Bielatal* siehe Tour 13.

Tourenbeschreibung Vom *Parkplatz* ausgehend spazieren wir entlang der Straße geradewegs weiter und biegen etwa 100 Meter hinter der *Ottomühle* am Waldrand links ab Richtung Rosen-

Fliegenpilz   (Foto: Christina Garstecki)

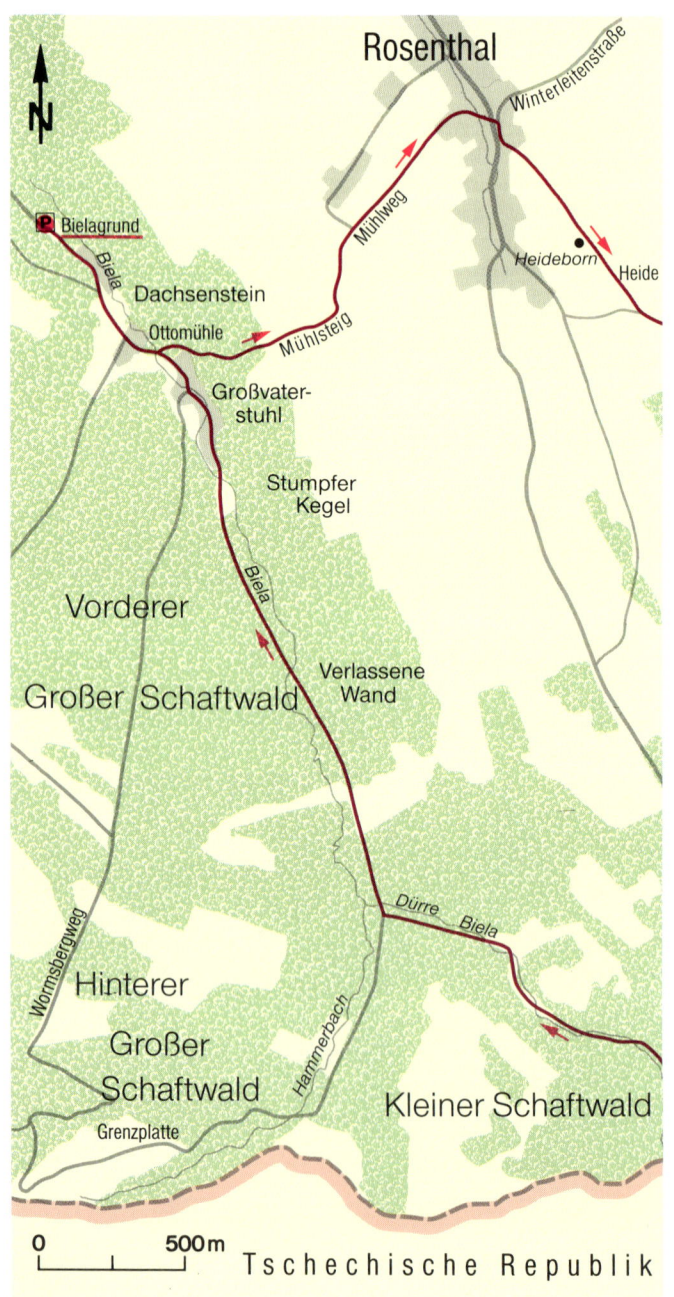

Rosenthal

Winterleitenstraße

Mühlweg

Bielagrund

Biela

Dachsenstein

Ottomühle

Mühlsteig

Heideborn

Heide

Großvater-
stuhl

Stumpfer
Kegel

Biela

Vorderer

Verlassene
Wand

Großer Schaftwald

Dürre Biela

Wormsbergweg

Hinterer

Großer
Schaftwald

Hammerbach

Kleiner Schaftwald

Grenzplatte

0   500 m

Tschechische Republik

Heideborn

Heide

Alte Tetschener Straße

Zaunheide

Fuchsteich

Fuchsbach

Fuchsbachstraße

Reichenauer Bach

Steinbornweg

Kleiner
Schafft-
wald

T s c h e c h i s c h e

R e p u b l i k

0   500 m

thal (grüner Punkt und roter Strich). Stetig bergauf. Wir halten uns geradeaus, treten aus dem Wald, wandern auf dem *Mühlsteig* über die freie Höhe zu einer Gabelung, biegen links in den *Mühlweg* ein und folgen ihm nach *Rosenthal*.

Im Ort treffen wir auf die Verkehrsstraße, folgen ihr etwa 70 Meter nach rechts, biegen dann links ab. Der schmale Asphaltweg führt stetig bergauf. Am Waldrand queren wir den *Sommerhübelweg* und folgen nun der *Alten Tetschener Straße*. An der ersten Gabelung halten wir uns rechts, an der zweiten Gabelung ebenfalls rechts, an der dritten Gabelung links und erreichen nach einer längeren Waldwanderung einen asphaltierten Querweg im Tal, die *Fuchsbachstraße*. Hier rechts (gelber Strich).

Die Straße führt am *Fuchsteich* vorbei. Er staut das Wasser des Fuchsbaches. Wir wandern nahe der Grenze zur Tschechischen Republik, erreichen nach etwa zwei Kilometern eine Kreuzung mit einem kleinen *Rastplatz* und biegen links ab. Unser breiter Weg endet an einer *Grenzschranke*. Wir biegen rechts ab, erreichen eine große alte *Wegsäule,* biegen wieder rechts ab und folgen dem Lauf der *Dürren Biela*.

Mächtige Felsen ragen empor. Überraschend umfängt uns wieder dichter Wald und wir stoßen auf einen Querweg. Hier rechts. Wir überschreiten die *Dürre Biela* nahe ihrer Vereinigung mit dem Hammerbach zur Biela und wandern auf breitem Forstweg durch das *Bielatal* zur *Ottomühle* zurück.

15 Cunnersdorf – Katzstein – Rotstein – Cunnersdorf

Verkehrsmöglichkeiten B 172 bis Königstein, etwa zwei Kilometer Landstraße Richtung Bahratal, dann links Richtung Cunnersdorf. Busverbindung über Königstein mit Pirna und über Königstein mit Bad Schandau.

Parkmöglichkeiten Im Ort beim Forsthof.

Wegmarkierungen Stationen des Naturlehrpfades bis Anschluß grüner Punkt, ab Matheusweg teilweise grünes Quadrat auf weißem Feld und roter Strich.

Tourenlänge 13 Kilometer.

Wanderzeit 4 Stunden.

Höhenunterschiede 270 Höhenmeter.

Wanderkarte 1:25000 Blatt 44 Kurort Berggießhübel, Kurort Bad Gottleuba, Bielatal.

Wissenswertes Auf bequemen, oft asphaltierten Wegen wandern wir durch den wenig besuchten Wald südlich von Cunnersdorf. Er wurde jahrhundertelang intensiv forstwirtschaftlich genutzt. Zur DDR-Zeit war er Staatsjagdgebiet und wurde streng gehütet. Am Rande unseres Weges liegt die Dorfstelle des untergegangenen Steinhütten, eine von vielen. Die Arbeit im Wald brachte nicht viel ein. War es die Armut oder gar die Pest, die zur Aufgabe der Dörfer zwang? Heute weiß es niemand mehr genau.

Auf dem *Katzstein,* dem *Schneebergblick* und dem *Rotstein* verlassen wir für kurze Zeit den dichten Wald und genießen hervorragende Aussichten. Der Katzstein trägt den Namen von den Wildkatzen, die früher hier heimisch waren. Das letzte Tier wurde 1809 erlegt.

Cunnersdorf zählt knapp 600 Einwohner. Der langgestreckte Ort wurde 1379 als Waldhufendorf gegründet. Jeder Hof besaß einen Streifen Land, der an den Wald grenzte. In ihm setzte sich der Landbesitz als sogenannter Hufen fort, der nach Bedarf gerodet wurde. Der Forsthof stammt aus dem 16. Jahrhundert. Bemerkenswert ist auch der schöne Cunnersdorfer Lehrpfad. Wir lernen ihn auf dieser Wanderung kennen. Die Heimatstube präsentiert die Volkskunst und gibt Einblicke in das Leben der Waldarbeiter und Bauern.

Bei heißem Sommerwetter lohnt sich die Mitnahme von Badekleidung. Gegen Ende unseres Ausflugs haben wir Gelegenheit, das neue Cunnersdorfer Bad zu besuchen.

Tourenbeschreibung Vom *Forsthof* ausgehend spazieren wir wenige Meter Richtung Königstein zur großen *Übersichtstafel* des Naturlehrpfades und biegen links in die *Winterleitenstraße* ein. Beim *Alten Mühlenwehr* überschreiten wir den *Cunnersdorfer Bach* und wandern gen Rosenthal in den Wald. Dort erreichen wir einen kleinen *Rastplatz,* biegen rechts ab (grüner Punkt), wandern etwa 400 Meter stetig bergauf und biegen links ab. Ein Pfad führt uns weiter bergauf und in das *Katzsteinmassiv* hinein. An der Gedenktafel für den 1887 erschossenen Wilderer Karl-Josef Focke vorbei erreichen über viele Stufen und Eisenleitern zur Rechten eine aussichtsreiche Höhe, das *Signal,* ein ehemaliger Waldbrandwachtpunkt.

Der weitere Weg verläuft auf der Höhe bleibend als schmaler Pfad zum *Katzfels* (471 m). Eine Eisenleiter führt uns hinauf. Wir steigen hinab, halten uns rechts, bergab, treffen nach einem kurzen Wegstück auf einen Pfad und folgen ihm nach links. An einem rechts nach Bielatal abzweigenden Pfad vorbei zieht unser Wanderweg in eine Linkskurve. Bald können wir links zum nahen *Schneebergblick* hinaufsteigen. Bei klarem Wetter reicht der Blick weit ins Böhmische bis zum Hohen Schneeberg. Der weitere Weg zieht in etlichen Kurven sanft talwärts und quert bei einem *Rastplatz* mit Wegweisern einen breiteren Weg.

Hinter dem *Unterstand* des Rastplatzes biegen wir rechts in einen Pfad ein, biegen bald links ab, wandern steil bergauf und überqueren den *Rotstein*. Dann steil talwärts und durch freundlichen Laubwald. Wir halten uns geradeaus und treffen nach etwa 600 Metern auf den breiten *Wurzelweg.* Ihm folgen wir etwa 600 Meter nach links und treffen auf die *Winterleitenstraße.* Ihr folgen wir etwa 400 Meter nach rechts zum Waldrand und biegen scharf links in den *Matheusweg* ein. Wir folgen den Kurven des asphaltierten Weges zu Tal und am *Schmelzbach* entlang (grünes Quadrat auf weißem Feld), der sich bald mit Heringsbächel und Fuchsbach zum Cunnersdorfer Bach vereint. Wir überschreiten den *Cunnersdorfer Bach,* biegen links ab und folgen seinem

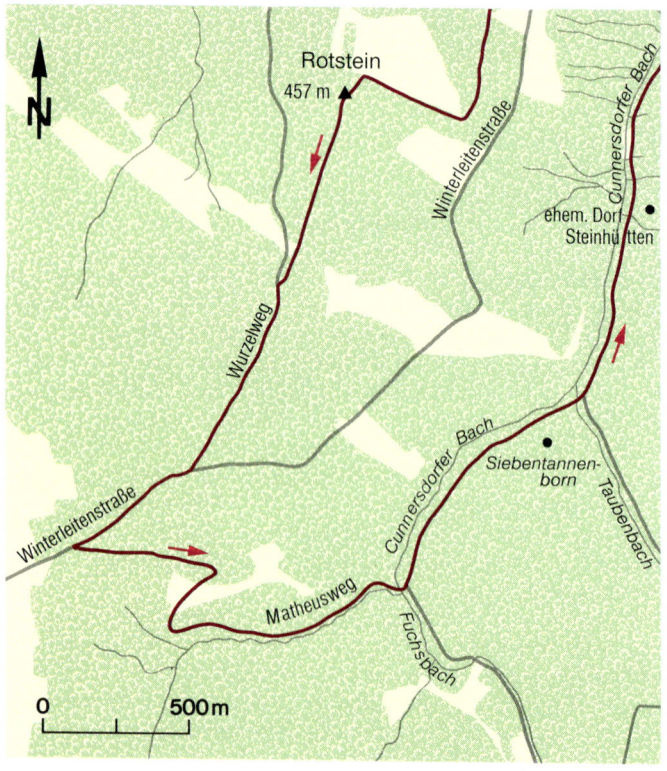

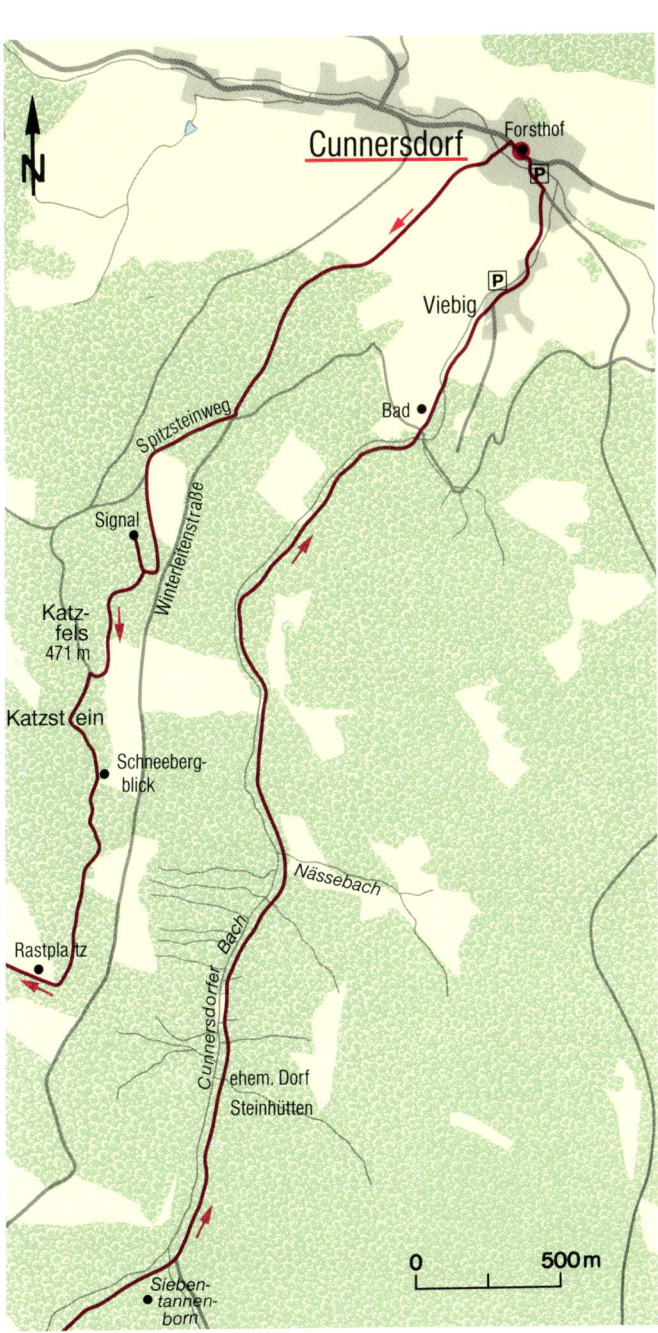

Cunnersdorf

Forsthof

Viebig

Spitzsteinweg

Bad

Signal

Winterleitenstraße

Katz-
fels
471 m

Katzstein

Schneeberg-
blick

Nässebach

Cunnersdorfer Bach

Rastplatz

ehem. Dorf
Steinhütten

Sieben-
tannen-
born

0   500 m

rechten Ufer (grüner Strich) in wechselnder Entfernung. Wir überschreiten den *Taubenbach* nahe seiner Mündung in den Cunnersdorfer Bach und passieren die Dorfstelle des untergegangenen Dorfes *Steinhütten*. – Immer dem Bach folgend, an der *Ausbildungsstätte* des Forstamtes Cunnersdorf vorbei (nun roter Strich), am *Waldbad* vorbei und geradewegs durch den Ortsteil *Viebig* nach *Cunnersdorf* zurück.

16 Cunnersdorf – Taubenteich – Krippengrund – Cunnersdorf

Verkehrsmöglichkeiten B 172 bis Königstein, etwa zwei Kilometer Landstraße Richtung Bahratal, dann links Richtung Cunnersdorf. Busverbindung über Königstein mit Pirna und über Königstein mit Bad Schandau.

Parkmöglichkeiten Am Forsthof im Ort.

Wegmarkierungen Roter Strich zu Beginn, dann ohne Markierung bis Anschluß gelber Strich und grüner Strich.

Tourenlänge 16 Kilometer.

Wanderzeit 4 Stunden.

Höhenunterschiede 260 Höhenmeter.

Wanderkarte 1 : 25 000 Blatt 44 Kurort Berggießhübel, Kurort Bad Gottleuba, Bielatal und Blatt 45 Sächsische Schweiz/Bad Schandau, Sebnitz.

Wissenswertes Eine ausgedehnte Waldwanderung durch das wenig besuchte Gebiet nahe der Grenze zur Tschechischen Republik. Die Wege sind bequem und erfordern wenig Aufmerksamkeit, bieten aber auch wenig Ablenkung. Wir erreichen keine Aussichtspunkte. Felsen treffen wir nur wenige im Krippenbachtal. Hier läßt sich auch bei schlechtem Wetter wandern.

Das im *Taubenteich* künstlich angestaute Wasser des Taubenbaches wurde in früheren Zeiten bei Bedarf abgelassen, um Holz zu flößen. Die gleiche Funktion hatten die bekannteren Schleusen in der Umgebung von Hinterhermsdorf.

Cunnersdorf und Umgebung siehe Tour 15.

Tourenbeschreibung Vom *Forsthof* ausgehend folgen wir der Straße Richtung Krippen wenige Meter bis zur folgenden Gabelung, biegen rechts ab, überschreiten den *Cunnersdorfer Bach*, biegen an der folgenden Kreuzung wieder rechts ab und wandern geradewegs durch den Ortsteil *Viebig* (roter Strich).

Wir passieren das *Waldbad* und die *Ausbildungsstätte* des Cunnersdorfer Forstamtes, halten uns geradeaus (der rote Strich

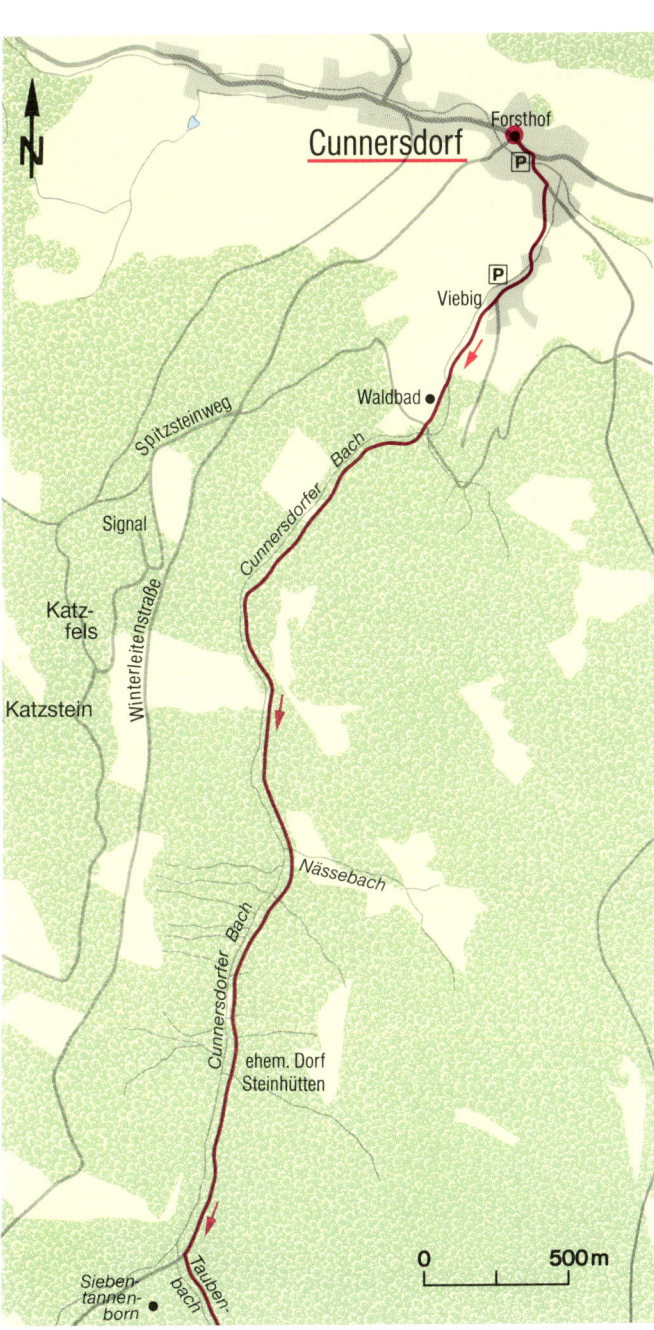

N

Cunnersdorf

Forsthof

P

P

Viebig

Waldbad

Spitzsteinweg

Signal

Katz-
fels

Katzstein

Winterleitenstraße

Cunnersdorfer Bach

Nässebach

Cunnersdorfer Bach

ehem. Dorf
Steinhütten

Sieben-
tannen-
born

Tauben-
bach

0   500 m

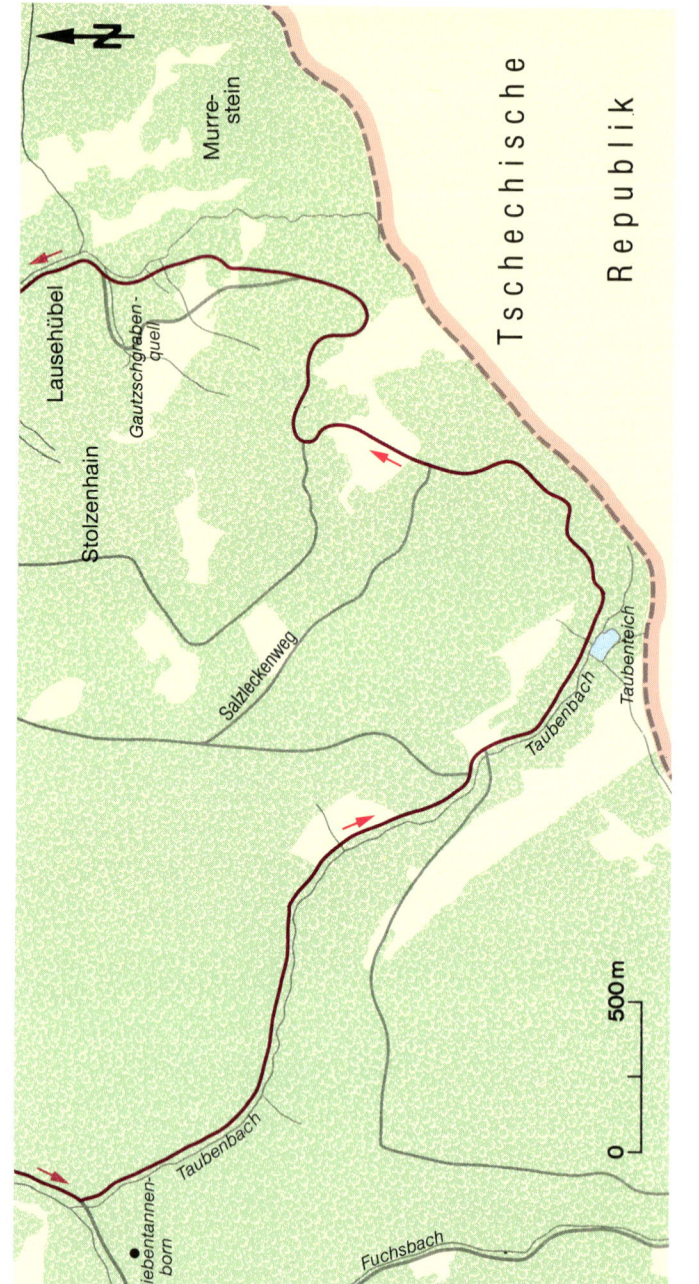

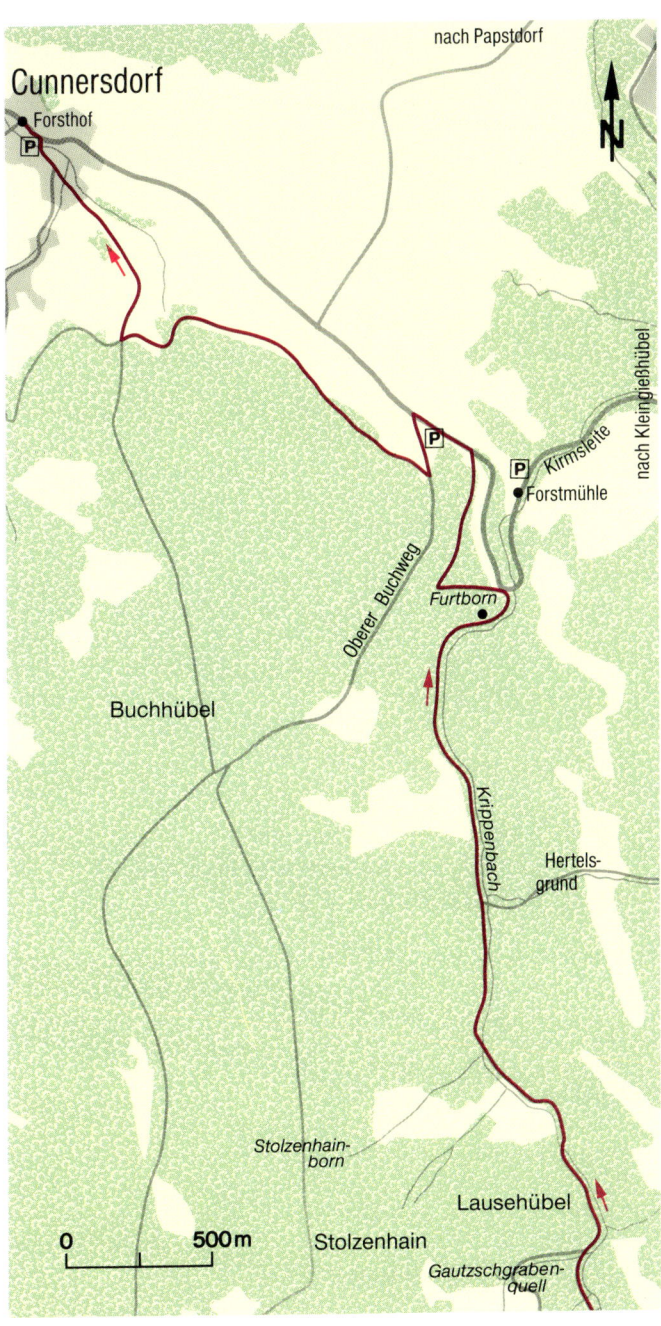

Cunnersdorf
Forsthof
P

nach Papstdorf

N

P
P Kirmsleite
Forstmühle

nach Kleingießhübel

Oberer Buchweg

Furtborn

Buchhübel

Krippenbach

Hertels-
grund

Stolzenhain-
born

Lausehübel

0   500 m

Stolzenhain

Gautzschgraben-
quell

biegt rechts ab), folgen dem *Cunnersdorfer Bach* etwa drei Kilometer und erreichen eine Gabelung nahe der Einmündung des Taubenbaches in den Cunnersdorfer Bach. Hier biegen wir links ab, folgen dem Lauf des *Taubenbaches* etwa zwei Kilometer seiner Quelle entgegen und erreichen auf breitem Weg den *Taubenteich* (nun gelber Strich). Er liegt dicht an der Grenze zur Tschechischen Republik.

Weiter auf unserem breiten Forstweg. Nach etwa anderthalb Kilometern – vom Taubenteich aus gerechnet – zieht der Weg in eine Linkskurve. Hier biegen wir rechts ab. Nun stets talwärts. Bald sprudeln Quellen links und rechts des Weges, die sich mit anderen zum Krippenbach vereinen. Im Talgrund erreichen wir eine Gabelung. Hier links (grüner Strich).

Wir folgen nun dem Lauf des *Krippenbaches* auf asphaltiertem Forstweg durch den *Krippengrund*. Er führt uns nach etwa zwei Kilometern am kräftig sprudelnden *Furtborn* vorbei. Dann stoßen wir auf eine Schleife der nach Cunnersdorf führenden Verkehrsstraße und biegen links in einen schmalen Pfad ein. Er führt uns steil auf die Höhe zu einem breiten Querweg. Hier scharf rechts (grüner Strich). Wir treffen wieder auf die Verkehrsstraße, folgen ihr nach links bis zum *Parkplatz*, biegen links ab, nach etwa 300 Metern rechts ab, treffen auf einen Querweg, folgen ihm nach rechts und wandern etwa einen Kilometer immer nahe am Waldrand zu einer Kreuzung. Hier rechts und durch die Flur hinab nach *Cunnersdorf*.

Krippen – Lasensteine – Großer Zschirnstein – Wolfsberg – Reinhardtsdorf – Krippen

Verkehrsmöglichkeiten B 172 bis zur linkselbischen Seite der Elbbrücke bei Bad Schandau und weiter auf der Landstraße zum noch etwa drei Kilometer entfernten Krippen. Bahnstation auf der Strecke Dresden – Schöna. Haltestelle der Buslinie Bad Schandau – Reinhardtsdorf – Schöna. Schiffsverbindung.

Parkmöglichkeiten Parkplatz bei der Bahnlinie nahe der Einmündung des Krippenbaches in die Elbe.

Wegmarkierungen Gelber Punkt von Krippen bis zur Straße nach Kleinhennersdorf, weiter mit dem roten Punkt bis kurz vor Reinhardtsdorf, dann unmarkiert bis Anschluß grüner Punkt.

Tourenlänge 18 Kilometer. **Wanderzeit** 6 Stunden.

Höhenunterschiede 670 Höhenmeter.

Wanderkarte 1:25 000 Blatt 45 Sächsische Schweiz/Bad Schandau, Sebnitz.

Wissenswertes Eine ausgedehnte Tagestour. Sie führt überwiegend durch dichten Wald. Wir müssen etliche Steigungen überwinden. Die *Lasensteine* umgehen wir an ihrer östlichen Seite. Den aussichtsreichen *Großen Zschirnstein* besteigen wir. – *Krippen* zählt rund 900 Einwohner. Der Ort wurde 1379 erstmals urkundlich erwähnt. Hier erfand Friedrich Gottlob Keller (geb. 1843) den Holzschliff. In seinem ehemaligen Wohnhaus in der Friedrich-Gottlob-Keller-Straße 54 befindet sich das Holzschliffmuseum.

Großer Zschirnstein siehe Tour 18.

Anmerkung Die erste Wegstrecke verläuft auf dem steilen Krippener Rundweg (gelber Punkt). Viele kreuzende Pfade und eine recht verzwickte Wegführung nötigen zu Aufmerksamkeit und Wegsuche trotz der häufigen Markierungen. Wer diese Anstrengung vermeiden will, folgt der von Krippen nach Kleinhennersdorf führenden Verkehrsstraße etwa 200 Meter, biegt dann links ab (roter Punkt) und erreicht somit den *Koppelbergweg* und die unten beschriebene Strecke.

Tourenbeschreibung Vom *Parkplatz* ausgehend folgen wir der *Friedrich-Gottlob-Keller-Straße* etwa 100 Meter, biegen dann scharf rechts ab (gelber Punkt). Nach etwa 30 Metern biegen wir links ab und steigen steil über Stufen auf engem Pfad bergauf. An der bald kommenden Gabelung links und weiter sehr steil den Windungen des Pfades folgend bergauf. Treppen führen uns an einem mächtigen Fels vorbei. Bei einer Gruppe alter Steinpfeiler, Reste einer alten Wegbefestigung, zieht der Pfad in eine Rechtskurve, schwenkt aber gleich wieder nach links. Wir müssen auf die Markierungen achten und dürfen uns nicht von den vielen kreuzenden Pfaden verwirren lassen. Dann erreichen wir den *Kellerstein*, einen vorgeschobenen Aussichtspunkt mit einer Gedenktafel für den Erfinder des Holzschliffs.

Beim Verlassen des *Kellersteins* halten wir uns rechts und wandern etwa 50 Meter in Herwegsrichtung. Der Pfad zieht dann scharf nach rechts, windet sich talwärts und eine Weile leicht auf- und absteigend recht bequem am Hang entlang. Er ist der breiteste Pfad ringsum und führt bald deutlich talwärts zur Verkehrsstraße. Ihr folgen wir nach links über die Brücke, biegen dann rechts ab Richtung Liethenmühle.

Wir erreichen eine kleine *Brücke* über einen schmalen Bach nahe der Liethenmühle und biegen vor der *Brücke* scharf links in einen schmalen Pfad ein. Er führt durch hohen Farn, dann durch dichten Wald und trifft auf den breiten *Koppelbergweg*

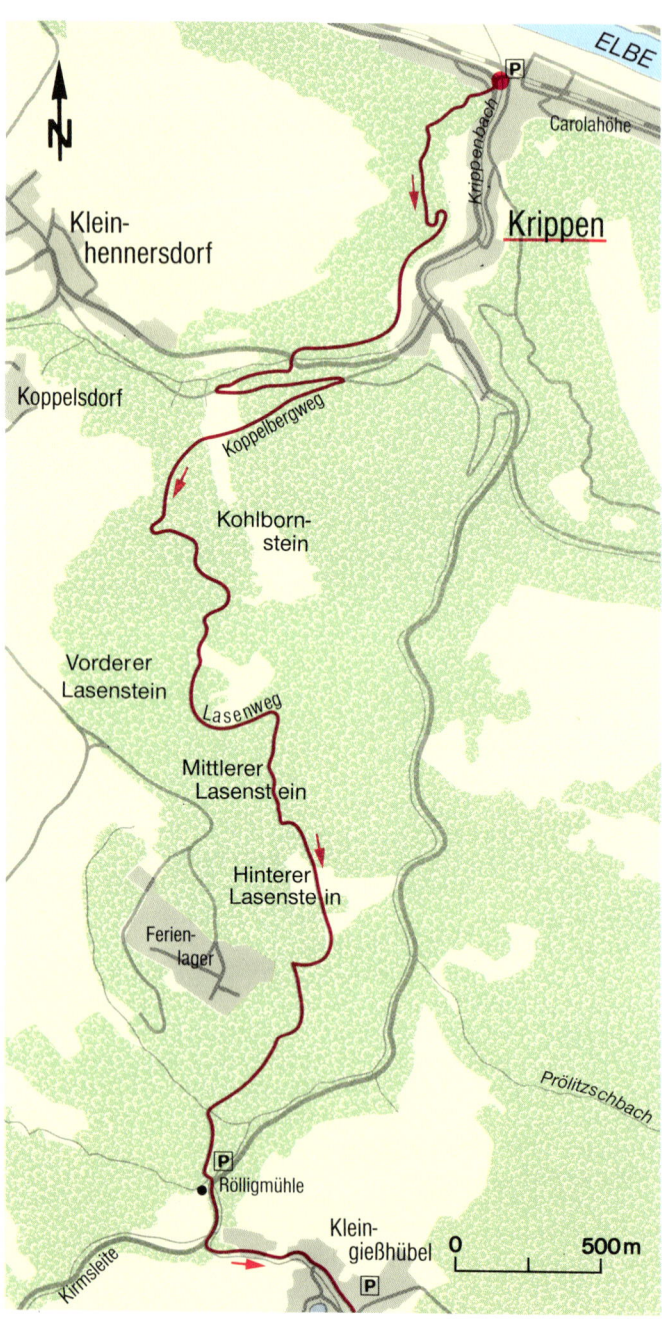

ELBE

P

Krippenbach

Carolahöhe

Krippen

Klein-
hennersdorf

Koppelsdorf

Koppelbergweg

Kohlborn-
stein

Vorderer
Lasenstein

Lasenweg

Mittlerer
Lasenstein

Hinterer
Lasenstein

Ferien-
lager

Prölitzschbach

P

Rölligmühle

Klein-
gießhübel

0   500 m

P

Kirnsleite

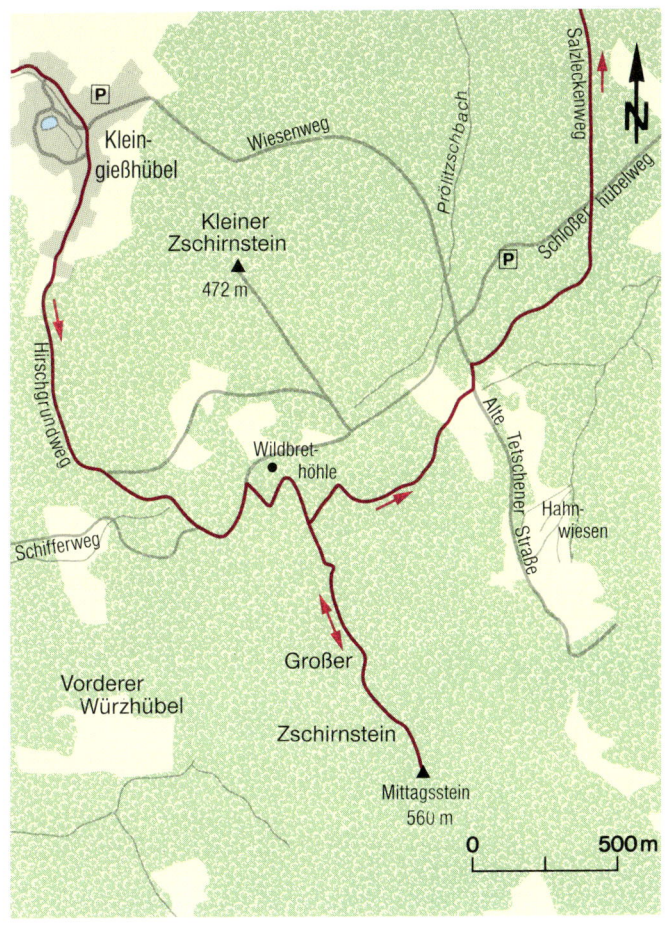

(roter Punkt). Hier rechts. Auf der Höhe münden wir in einen breiten Weg, der sich nach wenigen Metern gabelt. Hier links. Der Weg steigt wieder an und erreicht eine Kreuzung. Hier links. Wir treffen auf eine Wegekreuzung bei einem *Rastplatz*, gehen rechts an der *Hütte* vorbei und wählen den Mittleren der vor uns liegenden drei schmalen Wege.

Überraschend bequem wandern wir nun auf dem *Lasenweg* mit schönen Fernblicken am Osthang der *Lasensteine* entlang. Dann treffen wir auf einen Querweg. Wir richten uns nach dem Wegweiser zur Rölligmühle, folgen ihm nach links zu Tal und

Krippenbach

Carolahöhe

Krippen

E L B E

Püschelweg

Krippenberg

Reinhardtsdorf-

Schöna

342 m
Wolfsberg
Hotel

Mühlweg

Salzleckenweg

Prölitzschbach

Schloßerhübelweg

0   500 m

gehen in einen Forstweg, dem wir in bisheriger Richtung folgen. Nach einem kurzen Wegstück biegen wir links ab, halten uns dann geradeaus, überschreiten einen *Bach,* passieren eine auffallende Steinwand, halten uns an folgender Gabelung links und steigen zur Verkehrsstraße hinab.

Ihr folgen wir nach rechts Richtung Cunnersdorf, passieren die *Rölligmühle,* biegen links in die nach Kleingießhübel führende Verkehrsstraße ein, durchwandern geradewegs den Ort (roter Punkt) und erreichen den steinigen *Hirschgrundweg.* Er führt uns steil bergauf und trifft auf den *Schifferweg.* Ihm folgen wir etwa 250 Meter nach links (grüner Punkt), biegen dann rechts ab (roter Punkt) und steigen steil über Stufen und auf steinigem Weg bergauf. Der Weg wird schließlich flacher und stößt auf einen breiten Hohlweg. Hier rechts und auf das Plateau des *Großen Zschirnsteins.* Durch schönen Birkenwald erreichen wir den aussichtsreichen *Mittagsstein* auf der Südspitze und haben somit den höchsten Punkt erreicht (560 m).

Wir gehen auf dem Herweg zurück, passieren die bekannte Einmündung in den Hohlweg, wandern steil zu Tal, biegen aber bald links ab (Wegweiser: Wolfsberg, roter Punkt). Weiter talwärts auf schmalem Weg zur asphaltierten *Alten Tetschener Straße.* Ihr folgen wir etwa 60 Meter nach links Richtung Kleingießhübel, biegen dann rechts in einen Waldweg ein, queren nach etwa 600 Metern den *Schloßerhübelweg,* halten uns dann

Häufig werden bequeme Waldwege auch von Radwanderern benutzt. Naturfreunde nehmen aufeinander Rücksicht, einerlei ob »per pedes« oder »per pedale«
(Foto: Christina Garstecki)

auf schmalem Weg geradeaus. Er geht in den breiten *Salzlecken-weg* über und trifft auf den *Mühlweg*. Hier rechts und unterhalb vom *Wolfsberg* und dem gleichnamigen Hotel entlang. Wir halten uns geradeaus (der rote Punkt biegt rechts ab) und erreichen *Reinhardtsdorf* mit Blick auf die Schrammsteine, den Zirkelstein und die Kaiserkrone. – Bei der *Bushaltestelle* queren wir die nach Krippen führende Verkehrsstraße und wandern den gegenüberliegenden Hang nach links hinauf (Wegweiser: Püschelweg – Krippen). Wir lassen die letzten Häuser des langgezogenen Ortes hinter uns, tauchen in den Wald, folgen dem breiten Weg und steigen im letzten Wegstück steil nach *Krippen* hinab.

18 Kleingießhübel – Zschirnsteine – Kleingießhübel

Verkehrsmöglichkeiten   B 172 bis Königstein und weiter über Cunnersdorf oder über Bad Schandau und Krippen. Busverbindung über Krippen mit Bad Schandau.
Parkmöglichkeiten   Großer Parkplatz an der Alten Tetschener Straße nahe der Bushaltestelle in der Ortsmitte.
Wegmarkierungen   Roter Punkt bis zur Abzweigung zum Kleinen Zschirnstein, dann unmarkiert bis Anschluß grüner Punkt und roter Punkt, ohne Markierung auf der Alten Tetschener Straße zurück.
Tourenlänge   8 Kilometer.   **Wanderzeit**   3 Stunden.
Höhenunterschiede   320 Höhenmeter.
Wanderkarte   1:25 000 Blatt 45 Sächsische Schweiz/Bad Schandau, Sebnitz.
Wissenswertes   Der *Große Zschirnstein* (560 m) ist der höchste Berg der Sächsischen Schweiz. Er wird gerne besucht. Der *Kleine Zschirnstein* mißt 473 Meter und ist wenig erschlossen.
   Die *Wildpretshöhle* am Rande unseres Weges diente in früheren Zeiten zur kurzfristigen Aufbewahrung des bei kurfürstlichen Jagden erlegten Wildes.
Tourenbeschreibung   Vom *Parkplatz* in *Kleingießhübel* spazieren wir zur nahen *Bushaltestelle*, biegen links ab und durchwandern geradewegs den Ort. Dann führt uns der steinige *Hirschgrundweg* steil bergauf in den Wald (roter Punkt). Nach etwa 800 Metern – vom Waldrand aus gemessen – lenkt ein kleiner Wegweiser unsere Aufmerksamkeit auf einen links abzweigenden, unmarkierten Pfad. Ihm folgen wir weiter bergauf. Auf der Höhe zieht unser Pfad nach links und führt an der Grenze von

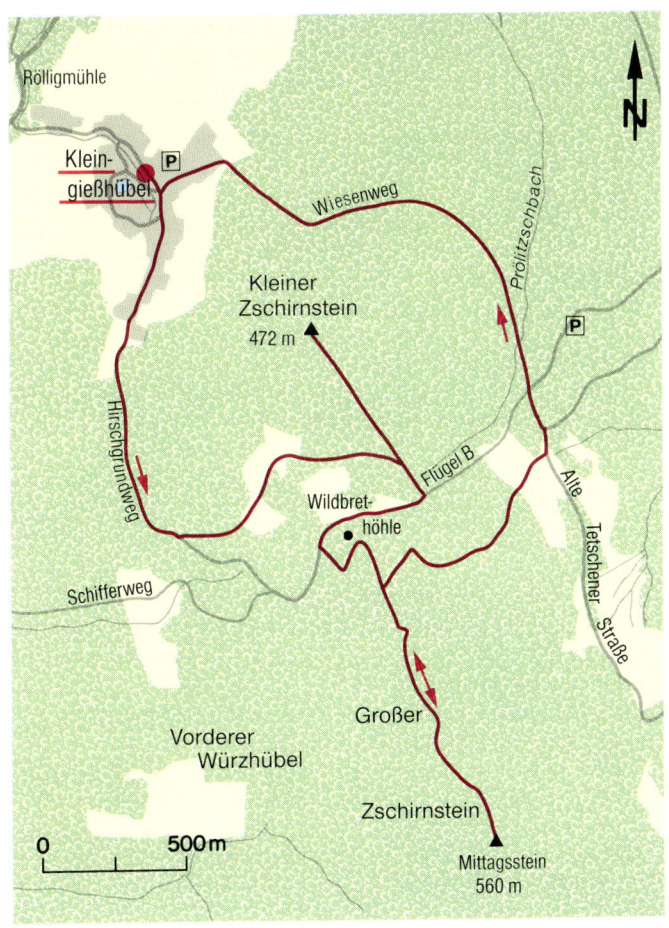

altem Fichten- zu jungem Laubwald unter den Südostwänden des Kleinen Zschirnsteins entlang.

Der nun schon von weitem erkennbare, den Berg hinaufziehende Pfad führt in die nordwestlichen Wände des Kleinen Zschirnsteins. Wir lassen ihn links liegen und wandern weiter geradeaus. Unser Weg zieht in eine Rechtskurve und verbreitert sich. Wir stoßen auf einen breiteren Querweg, biegen links ab, halten uns dann geradeaus und gehen rechts an einem kleinen *Rastplatz* vorbei. Der Weg verengt sich zu einem Pfad und erreicht den Aussichtspunkt auf dem *Kleinen Zschirnstein*.

Auf dem Herweg gehen wir zurück, wandern am *Rastplatz* und an der bekannten Einmündung geradewegs vorbei und treffen auf den breiten Weg *Flügel B* (grüner Punkt). Ihm folgen wir nach rechts. Nach etwa 300 Metern führt ein unmarkierter, kaum erkennbarer Pfad nach links zur nahen *Wildpretshöhle* in die dunklen Fichten. Nach weiteren 100 Metern biegen wir links ab (roter Punkt) und steigen steil über Stufen und auf steinigem Weg bergauf. Der Weg wird schließlich flacher und stößt auf einen breiten Hohlweg. Hier rechts und hinauf auf das Plateau des *Großen Zschirnsteins*. Durch schönen Birkenwald wandernd erreichen wir den aussichtsreichen *Mittagsstein* auf der Südspitze und haben somit den höchsten Punkt erreicht.

Wir spazieren auf dem Herweg zurück, passieren die bekannte Einmündung in den Hohlweg, wandern dann steil zu Tal, biegen aber bald links ab (Wegweiser: Wolfsberg, roter Punkt). Weiter talwärts auf schmalem Weg zur asphaltierten *Alten Tetschener Straße*. Hier links und nach *Kleingießhübel* zurück.

19 Reinhardtsdorf-Schöna – Kaiserkrone – Zirkelstein – Reinhardtsdorf-Schöna

Verkehrsmöglichkeiten   B 172 bis zur linkselbischen Seite der Elbbrücke bei Bad Schandau und weiter über Krippen. Busverbindung mit Bad Schandau über Krippen.

Parkmöglichkeiten   Großer Parkplatz bei der Gemeindeverwaltung am südlichen Ortsausgang des Ortsteiles Reinhardtsdorf an der zum Waldbad führenden Straße.

Wegmarkierungen   Teilweise roter und gelber Strich.

Tourenlänge   8 Kilometer.   **Wanderzeit**   2½ Stunden.

Höhenunterschiede   260 Höhenmeter.

Wanderkarte   1:25000 Blatt 45 Sächsische Schweiz/Bad Schandau, Sebnitz.

Wissenswertes   Die Aussichten von zwei kleinen Tafelbergen schenken uns umfassende Einblicke ins Elbsandsteingebirge. Die Wege sind bequem, die Aufstiege steil, aber gut gesichert und ausgebaut.

Die *Kaiserkrone* (350 m) ist sehr zerklüftet. Aus der Ferne erinnert sie an eine dreizackige Krone. Am südlichen Felsen sind neben der Aufstiegstreppe zwei in den Fels gehauene Löwen zu sehen. Der Ursprung ist nicht bekannt.

Die Aussicht vom *Zirkelstein* (385 m) gilt als schöner als die Aussicht von der Kaiserkrone. Der Blick reicht bis zum Prebischtor in der böhmischen Schweiz. Der Aufstiegsweg stammt von 1842.

Reinhardtsdorf-Schöna zählt rund 2000 Einwohner. Die Dorf-kirche birgt eine wertvolle Innenausstattung (16./17. Jh.).

Tourenbeschreibung Vom Ortsteil *Reinhardtsdorf* ausgehend folgen wir der Verkehrsstraße steil talwärts nach *Schöna*, passie-ren die *Bushaltestelle* und halten uns an folgender Gabelung rechts. Der Weg steigt wieder an. Auf der Höhe biegen wir links in den *Aschersteig* ein (roter Punkt), halten uns an der gleich kommenden Gabelung rechts, spazieren nun auf der *Walter-He-ring-Straße* und biegen hiner *Haus Nr. 245* links ab. Steil steigen

wir zur *Kaiserkrone* hinauf und erreichen über Steiganlagen die gut gesicherten Aussichtspunkte.

Auf dem Herweg steigen wir wieder zur *Walter-Hering-Straße* hinab, folgen ihr nach links (gelber Strich) und erreichen nach etwa 100 Metern den *Dorfplatz* und eine Orientierungstafel. Hier halten wir uns rechts, biegen gegen Ortsende links ab und folgen einem breiten Wirtschaftsweg geradeaus bis zu einer Ruhebank am Waldrand.

Nun links und bergauf (unmarkiert). Bald biegen wir rechts ab, beginnen den *Zirkelstein* zu umrunden und stoßen auf eine waghalsig aussehende Steiganlage, die uns aber sicher auf den Gipfel führt.

Wir steigen hinab, setzen die Umrundung talwärts fort und stoßen auf den nach links zur Jugendherberge führenden Weg. Hier rechts. Nach etwa 100 Metern erreichen wir wieder den Wirtschaftsweg, den wir bei der Ruhebank verlassen haben. Hier links. Er führt unterhalb der Jugendherberge entlang und gabelt sich dann. Wir halten uns rechts und erreichen den gegenüberliegenden Waldrand (gelber Strich), wo der Weg nach rechts und am Waldrand entlang zu einer Siedlung von *Wochenendhäusern* führt. Hier rechts (der gelbe Strich biegt links ab).

Am Hotel *Waldhof* stoßen wir auf eine Orientierungstafel und eine sich gabelnde Asphaltstraße. Wir folgen ihrem linken Zweig. Er führt am *Waldbad* und am *Sportplatz* vorbei zurück nach *Reinhardtsdorf.*

20 Bad Schandau-Ostrau – Falkenstein – Schrammsteinaussicht – Bad Schandau-Ostrau

Verkehrsmöglichkeiten B 172 bis zum Ortsausgang von Postelwitz, Ortsteil von Bad Schandau, dann links den Zahnsgrund aufwärts nach Ostrau. Bad Schandau ist Bahnstation auf der Strecke Dresden – Schöna und Endstation der Sebnitztalbahn und der Kirnitzschtalbahn. Busverbindung auf der Strecke Dresden – Hinterhermsdorf, mit Cunnersdorf, Reinhardtsdorf-Schöna, Kleingießhübel, Waltersdorf, Sebnitz und Schmilka, mit der Bastei und dem Stadtteil Ostrau. Schiffsverbindung.

Parkmöglichkeiten Parkplatz am östlichen Ortsende von Ostrau an der Verbindungsstraße Bad Schandau – Ostrau. Wer auf die Wanderung durch den Zahnsgrund verzichten will, parkt oberhalb der Schrammsteinbaude.

Wegmarkierungen Grüner Punkt bis zum Schrammtor, gelber Strich bis Abzweigung zum Mittelwinkel, weiter mit dem grünen Punkt zu den Schrammsteinaussichten, dann blauer Strich.

Tourenlänge 9 Kilometer.

Wanderzeit 2½ Stunden.

Höhenunterschiede 250 Höhenmeter.

Wanderkarte 1:25 000 Blatt 45 Sächsische Schweiz/Bad Schandau, Sebnitz oder 1:10 000 Schrammsteingebiet.

Wissenswertes Auf bequemen Wegen wandern wir in die Schrammsteine, müssen aber klettern, um die höchsten Punkte zu erreichen. Steiganlagen helfen uns bei der Überwindung der Klüfte und Engpässe.

Bereits in Ostrau genießen wir eine schöne Aussicht auf die Schrammsteinkette und den über 80 Meter hohen *Falkenstein*. Im Mittelalter war er befestigt. 1864 wurde er von Schandauer Turnern bestiegen und somit das sächsische Felsklettern geboren. Bis heute ist er ein beliebter Kletterfelsen.

Die *Schrammsteinaussicht* (417 m) ist eine Hauptattraktion der Sächsischen Schweiz. Sie schenkt einen umfassenden Einblick in das wild zerklüftete Gebiet, weit über die Elbe hinweg.

Bad Schandau wurde im 15. Jahrhundert gegründet und entwickelte sich zu einem wichtigen Handelsplatz. 1730 wurde eine heilkräftige Quelle entdeckt, die wenige Jahrzehnte später zu Kurzwecken genutzt wurde. 1799 entstand ein Badehaus, aber erst seit 1920 darf Schandau den Titel Bad im Namen führen. Mit der Entwicklung des Fremdenverkehrs im 19. Jahrhundert

Kurgarten Bad Schandau (Foto: Michael Klees)

Jugendherberge Bad Schandau (Foto: Michael Klees)

wurde das Badehaus erweitert, Hotels erbaut und ein Park geschaffen. Bad Schandau ist als Kurstadt nie berühmt geworden, konnte aber auf eine kleine, beständige Gästezahl vertrauen. Auf dem Markt finden wir die St.-Johannis-Kirche von 1709. Sie birgt einen bemerkenswerten Renaissancealtar. An der Kirchenpforte sind Hochwassermarken zu sehen. Das Heimatmuseum in der Bad-Allee 10 bietet einen Einblick in die Lokalgeschichte und informiert über die Umgebung. Eine besondere Attraktion für Pflanzenfreunde ist der Pflanzengarten an der Ostrauer Brücke. Hier gedeihen rund 1500 Pflanzenarten. An der Endstation der Kirnitzschtalbahn steht der Eiszeitmarkierungsstein. Er markiert das weiteste Vordringen des Eises nach Süden während der Elster-Kaltzeit und würdigt die Inlandeistheorie des Schweden Torell. Auf Anregung des Hoteliers Rudolf Sendig wurde der elektrische Personenaufzug zum hochgelegenen Ortsteil Ostrau erbaut. Er wurde 1991 hochmodern erneuert. Die »Siebenbrüderhäuser« im Ortsteil Postelwitz, sehr ähnliche Fachwerkumgebindehäuser, wurden angeblich von einem Postelwitzer Schiffseigner für seine sieben Söhne erbaut. Sie werden von dem großen »Vaterhaus« überragt. In den Postelwitzer Brüchen wurde bis 1907 Sandstein abgebaut.

Tourenbeschreibung Am östlichen Ortsende von *Ostrau* biegen wir rechts in den *Klüftelweg* ein und erreichen talwärts wandernd die Verkehrsstraße im *Zahnsgrund* nahe der Schrammsteinbaude (grüner Punkt). Wir folgen der Verkehrsstraße ein

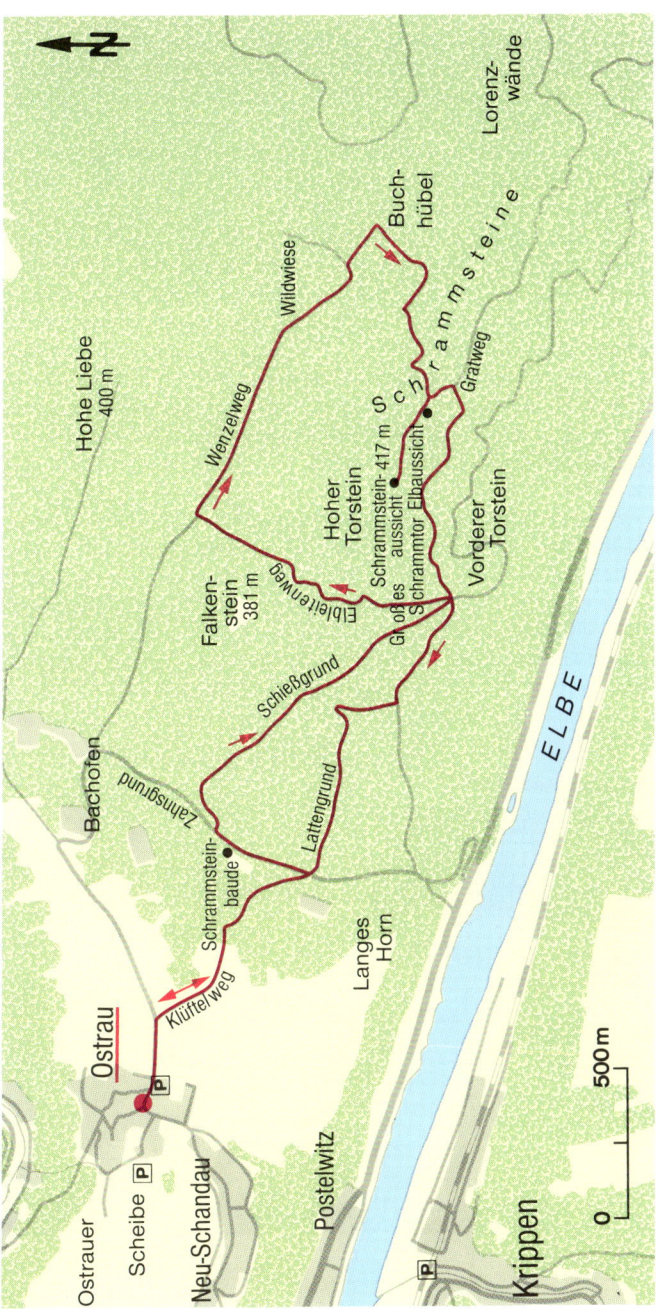

Ostrau

Ostrauer
Scheibe P

Neu-Schandau

Postelwitz

Langes
Horn

ELBE

Krippen

Bachofen

Hohe Liebe
400 m

Zahngrund

Schrammstein-
baude

Klüftelweg

Lattengrund

Schießgrund

Elbleitenweg

Wenzelweg

Wildwiese

Falken-
stein
381 m

Großes
Schrammtor Elbaussicht

Hoher
Torstein

Schrammstein·417 m
aussicht

Vorderer
Torstein

Gratweg

Schrammsteine

Lorenz-
wände

Buch-
hübel

500 m

0

N

kurzes Wegstück bergauf, biegen dann rechts in den *Schieß-grund* ein. Nach etwa 600 Metern geht unser Wanderweg geradeaus in die Nasse Tilke über (grüner Punkt) und erreicht nach weiteren 600 Metern das *Große Schrammtor*.

Wir biegen links ab und folgen dem *Elbleitenweg* (gelber Strich). Er führt am Mittleren und am Hohen Torstein vorrüber und passiert zur Linken den *Falkenstein*. Eine Umrundung bietet sich an. Wenig später biegen wir rechts in den breiten *Wenzelweg* ein. Nach etwa einem Kilometer zieht er in eine scharfe Linkskurve. Wir biegen rechts ab (gelber Strich) und erreichen nach 200 Metern einen Weg, dem wir nach rechts in den *Mittelwinkel* folgen (grüner Punkt). Er ist gut markiert und an den Kreuzungen mit Wegweisern versehen. Durch den *Mittelwinkel* steigen wir steil über Steiganlagen auf den *Schrammsteingratweg* hinauf. Ihm folgen wir nach rechts zur etwas links des Weges liegenden *Elbaussicht* und zur weiter westlich liegenden *Schrammsteinaussicht*.

Von der *Schrammsteinaussicht* wandern wir auf dem Herweg zurück, an der Einmündung des Mittelwinkelweges vorbei und treffen bald auf den rechts abzweigenden *Jägersteig,* der uns steil hinab zur *Vorderen Promenade* führt (blauer Strich). Ihr folgen wir nach rechts und durchschreiten das *Große Schrammtor*. Wir folgen weiterhin der blauen Markierung, biegen nach etwa 400 Metern rechts in den *Lattengrund* ein, erreichen wieder die Verkehrsstraße im *Zahnsgrund* und wandern über den bekannten *Klüftelweg* zurück.

Elbpromenade Bad Schandau   (Foto: Michael Klees)

In den Schrammsteinen (Foto: Norbert Forsch)

21 Bad Schandau – Ostrau – Elbleitenweg – Heilige Stiege – Schrammsteinaussicht – Bad Schandau

Verkehrsmöglichkeiten B 172 über Pirna. Bahnstation auf der Strecke Dresden – Schöna. Entstation der Sebnitztalbahn und der Kirnitzschtalbahn. Busverbindung auf der Strecke Dresden – Hinterhermsdorf, mit Cunnersdorf, Reinhardtsdorf-Schöna, Kleingießhübel, Waltersdorf, Sebnitz und Schmilka, mit der Bastei und dem Stadtteil Ostrau. Schiffsverbindung.

Parkmöglichkeiten Am Elbkai am rechten Elbufer. Hier befindet sich auch der Busbahnhof.

Wegmarkierungen Roter Strich bis Ostrau, blauer Strich bis zum Schrammtor, grüner Punkt bis zur Abzweigung in den Heringsgrund, blauer Strich über den Gratweg bis Anschluß grüner Punkt zur Schrammsteinaussicht. Von der Aussicht mit dem grünen Punkt zurück bis Anschluß blauer Strich und gelber Strich.

Tourenlänge 12 Kilometer. **Wanderzeit** 6 Stunden.

Höhenunterschiede 500 Höhenmeter.

Wanderkarte 1:25 000 Blatt 45 Sächsische Schweiz/Bad Schandau, Pirna oder 1:10 000 Schrammsteingebiet.

Wissenswertes Bei dieser ausgedehnten und erlebnisreichen Tour in die wilde Felsenwelt der Schrammsteine ist Trittsicherheit und festes Schuhwerk unbedingte Voraussetzung. Es müs-

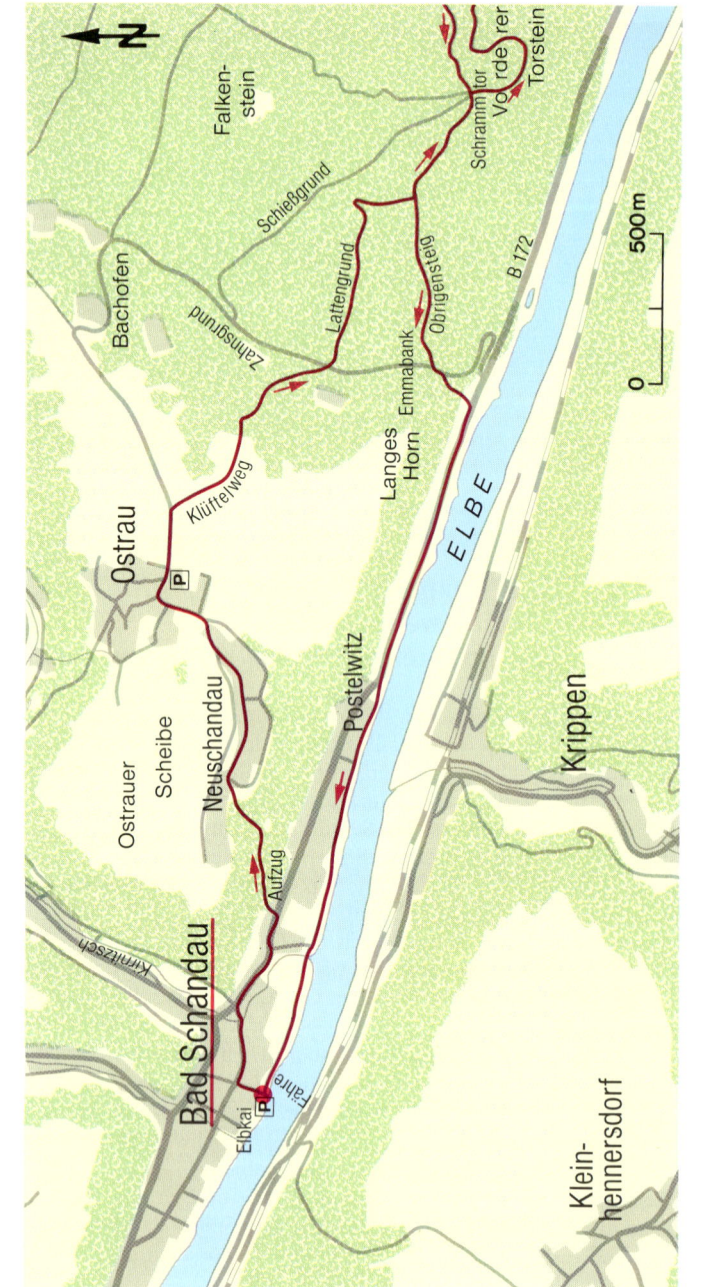

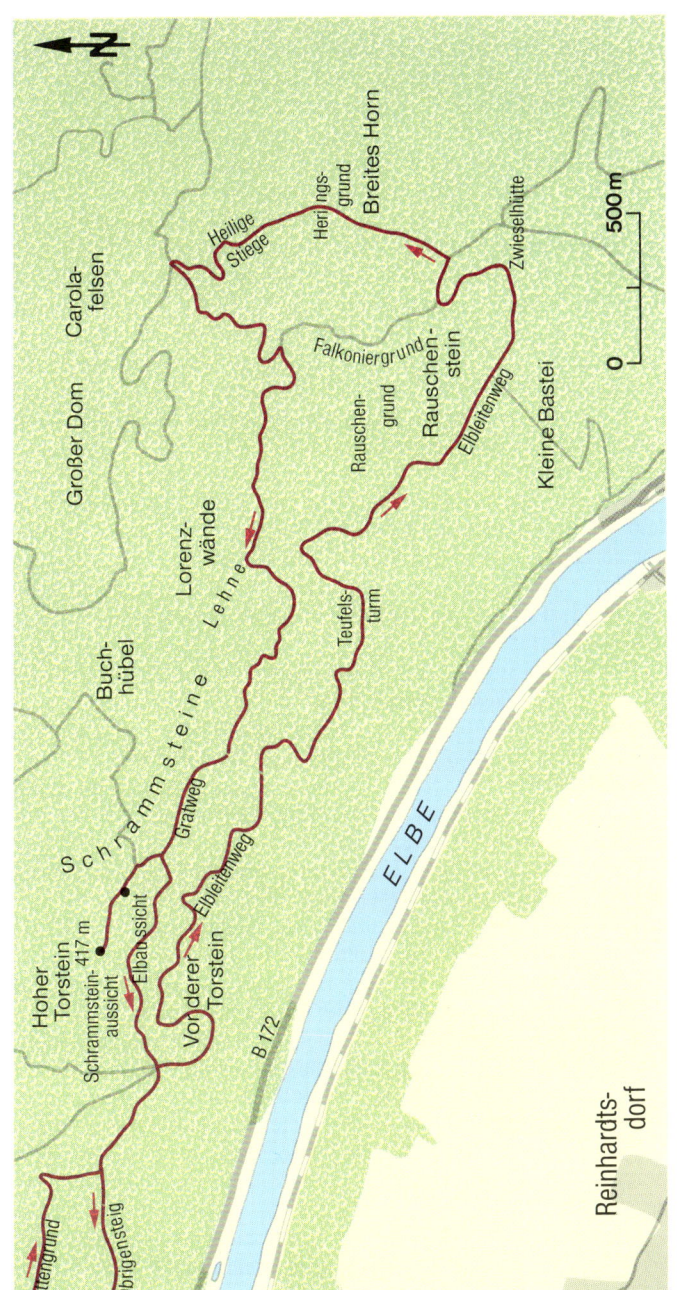

N

500 m

0

Breites Horn

Heilige Stiege

Herings-grund

Zwieselhütte

Carola-felsen

Falkoniergrund

Rauschen-stein

Großer Dom

Rauschen-grund

Elbleitenweg

Kleine Bastei

Lorenz-wände

Lehne

Teufels-turm

Buch-hübel

Schrammsteine

Gratweg

Elbleitenweg

ELBE

Hoher Torstein 417 m

Elbaussicht

Vorderer Torstein

Schrammsteinaussicht

B 172

Reinhardts-dorf

Lattengrund

Obrigensteig

sen etliche Steigungen bewältigt werden. Leitern und Treppen helfen bei der Überwindung von Engpässen und Klüften.

Bad Schandau und Umgebung siehe Tour 20.

Tourenbeschreibung Vom *Elbkai* zum *Marktplatz* und entlang der *B 172* zum *Personenaufzug* nach *Ostrau.* Geräuschlos überwindet er 50 Meter Höhenunterschied. Wir steigen aus, halten uns rechts, spazieren an einem kleinen *Tiergehege* vorbei auf gepflastertem Weg bergauf nach *Neuschandau* und biegen rechts in den *Ostrauer Ring* ein. Schöne Holzhäuser begleiten unseren Weg, der bald in die *Falkensteinstraße* übergeht. Nun richten wir uns nach dem blauen Strich und biegen am *Parkplatz* hinter dem Ortsausgang rechts in den *Klüftelweg* ein. Er führt zur Verkehrsstraße in den kühlen *Zahnsgrund.* Wir folgen der Straße ein kurzes Wegstück nach rechts, biegen dann links in den *Lattengrund* ein. Steil bergauf wandern wir zum *Schrammtor* und biegen rechts in den breiten *Elbleitenweg* ein (grüner Punkt).

Wir umrunden den Meurerturm und den Vorderen Torstein und passieren nach etwa zwei Kilometern – vom Schrammtor aus gerechnet – den chrakteristischen Teufelsturm. Nun beginnt der *Elbleitenweg* abwechslungsreich zu werden. Er zieht um die Breite Kluft herum, an den Rauschentürmen vorbei und windet sich zu Tal.

Wir biegen links in den *Heringsgrund* ein (gelber Strich) und erreichen die *Heilige Stiege,* einst mittelalterlicher Kirchsteig zwischen Schmilka und den Lichtenhainer Kirche. Sie führt uns sehr steil zum Aussichtspunkt bei den *Bussardsteinen* hinauf. Der Weg führt ein kurzes Stück am Abgrund entlang, führt dann weiter bergauf zu einer Wegkreuzung. Hier biegen wir links in den *Zurückesteig* ein (blauer Strich).

Nach etwa anderthalb Kilometern passieren wir zur Linken die Abzweigung zum Elbleitenweg. Nach weiteren 200 Metern erreichen wir einen *Aussichtspunkt* mit Blick in die Breite Kluft, auf Schmilka und über die Elbe hinweg zur Kaiserkrone. Wir wandern nun bequem auf dem *Schrammsteingratweg* über das rechts und links steil abfallende *Schrammsteinplateau.* Gegen Ende des *Gratweges* steigen wir wieder ein Stück bergab, passieren zur Linken die Abzweigung des zur Vorderen Promenade führenden Jägersteigs (blauer Strich biegt hier ab), steigen wieder bergauf, passieren zur Rechten die Einmündung des Mittelweges (grüner Punkt), dann zur Linken den zur *Elbaussicht* führenden Weg und erreichen über Steiganlagen die *Schrammsteinaussicht* (417 m).

Wir wandern den Herweg zurück und biegen rechts in den *Jägersteig* ein (blauer Strich), steigen steil bergab und biegen

In den Schrammsteinen　　　　　　　　　(Foto: Norbert Forsch)

rechts in die *Vordere Promenade* ein. Wir durchschreiten das *Schrammtor*, halten uns links (gelber Strich) und erreichen über den *Obrigensteig* die Verkehrsstraße im *Zahnsgrund*. Ihr folgen wir etwa 50 Meter talwärts, biegen dann rechts ab und erreichen im Ortsteil *Postelwitz* die *B 172*, folgen ihr bis zum *Gasthaus Falken*, biegen dann links in den Uferweg ein. Er quert die *Kirnitzsch* an ihrer Mündung in die Elbe und erreicht den *Elbkai* von *Bad Schandau*.

22 Beuthenfall – Affensteine – Frienstein – Kuhstall im Neuen Wildenstein – Lichtenhainer Wasserfall – Beuthenfall

Verkehrsmöglichkeiten Der Beuthenfall liegt etwa acht Kilometer von Bad Schandau entfernt an der Kirnitzschtalstraße. Vorletzte Station der Kirnitzschtalbahn von Bad Schandau zum Lichtenhainer Wasserfall. Haltestelle der Buslinie Dresden – Bad Schandau – Hinterhermsdorf.

Parkmöglichkeiten Parkplatz am Beuthenfall.

Wegmarkierungen Grüner Punkt bis zur Kreuzung am Sandloch, gelber Strich bis zur Abzweigung zum Frienstein, dann unmarkiert. Grüner Strich auf dem Oberen Affensteinweg, dann roter Punkt bis zum Lichtenhainer Wasserfall.

Tourenlänge 12 Kilometer.

Wanderzeit 4½ Stunden.

Höhenunterschiede 380 Höhenmeter.

Wanderkarte 1:25 000 Blatt 45 Sächsische Schweiz/Bad Schandau, Sebnitz oder 1:10 000 Schrammsteingebiet.

Wissenswertes Der *Beuthenfall* ist ein kleiner Wasserfall des Beuthenbaches. Weitaus bekannter ist der *Lichtenhainer Wasserfall*. Er entsteht durch die künstliche Anstauung des Lichtenhainer Baches. Seit 1800 ist er ein beliebtes Ausflugsziel. Damals warteten hier die Schweizführer mit ihren Tragsesseln und Saumtieren auf Kundschaft. Hier befindet sich die Endstation der von Bad Schandau kommenden Kirnitzschtalbahn.

Der Name *Affensteine* leitet sich von »Aul«, dem alten Namen des Uhus ab, der früher hier in großer Zahl heimisch war. Die Affensteine sind weitaus zerklüfteter als die Schrammsteine. Das Felsmassiv besteht vereinfacht gesagt aus zwei »Stockwerken«. Zwischen ihnen verläuft ein schmaler, recht anspruchsvoller unmarkierter Steig. Ihn können wir auf der nächsten Tour kennenlernen. Diesmal wandern wir auf der Unteren Affensteinpromenade und einem bequemen Abschnitt der Oberen Affensteinpromenade, auch Oberer Affensteinweg genannt.

Der *Frienstein* (455 m) war im 15. Jahrhundert eine Signalwarte der räuberischen Berken von Duba. Deshalb wird der Frienstein auch Vorderes Raubschloß genannt. Eine besondere Attraktion ist die Idagrotte, die große Friensteinhöhle. Vom Frienstein gen Norden blickend sehen wir den Neuen Wildenstein, den wir gegen Ende unserer Wanderung besuchen. Dort befand sich die Hauptburg der Raubritter.

Neuer Wildenstein und *Kuhstall* siehe Tour 46.

Tourenbeschreibung Vom *Parkplatz* ausgehend überschreiten wir die *Kirnitzsch* und folgen dem bergauf führenden Weg (grüner Punkt). An der Einmündung des Räumigtweges vorbei durch den *Dietrichsgrund*. Nach etwa 500 Metern erreichen wir eine Gabelung, halten uns rechts und folgen nach weiteren 200 Metern der scharfen Rechtskurve unseres markierten Weges in den *Unteren Affensteinweg*.

Wir passieren zur Linken den mächtig aufragenden Bloßstock, dann Brosinanadel und Wilden Kopf. Nach etwa 1800 Metern – vom Anblick des Bloßstocks gerechnet – treffen wir beim Sandloch auf eine Kreuzung mit Wegweiser und biegen links ab (gelber Strich). Zur Rechten erblicken wir die Lorenzwände.

Nun beginnt die Felsenwelt. Bald steigen wir auf einer Leiter über einen Wildzaun. An folgender Gabelung halten wir uns rechts! Der schmale Weg führt uns über Felsen bergan. Links erhebt sich das Domriff. Steil steigen wir über Stufen bergauf. Ein kurzes Wegstück führt am gähnenden Abgrund entlang. Auf der Höhe angekommen, können wir rechts zum *Domerker* gehen und mit Vorsicht eine herrliche Aussicht genießen. Der Wanderweg jedoch zieht scharf nach links! Zur Rechten passieren wir die Stiefelhörner. Zwischen dem aussichtsreichen Domriff und den Zerborstenen Türmen hindurchgehend, erreichen wir auf dem *Schrammsteinweg* die Einmündungen von *Zurückesteig* und *Heiliger Stiege*. Wir halten uns links Richtung Frienstein und richten uns nun nach dem blauen Strich. Nach kurzem Aufstieg erreichen wir eine Höhe und halten uns rechts. Nach etwa 300 Metern – von der Höhe gerechnet – können wir rechts einen Abstecher zu einem Aussichtspunkt bei der *Neuen Wenzelswand* machen. Nach weiteren 200 Metern dürfen wir den nach links zeigenden Wegweiser zum Frienstein nicht übersehen. Wir folgen ihm auf unmarkiertem Pfad bergab zum *Friensteinflössel*. Dort treffen wir auf die grüne Strichmarkierung, folgen ihr etwa 50 Meter steil bergauf, halten uns dann links. Ein unmarkierter

N

Kirnitzschberg

Lichtenhainer Bach

Lichtenhainer Wasserfall

Beuthenfall

Kirnitzsch

Vogelherd

Vorderer

Alter Wildenstein

Kroatenhau

Dietrichsgrund

Wildensteiner

Bloßstocksteine

Affensteinweg

Brosinnadel

Langes Horn

Wald

Unterer

Wilder Kopf

Affensteine

Zeughausweg

Vorderes Raubschloß Frienstein
455 m

Idagrotte

Großer Dom

Carolafelsen

Buchhübel

Sandlochweg

Domerker

Heilige Stiege

Lorenzwände

Teufelsturm

Elbleitenweg

ELBE

0   500 m

Bach

Kirnitzsch

Lichtenhainer

Lichtenhainer
Wasserfall

Hausberg

Neuer
Wildenstein

Hauptburg

Kuhstall

Haussteig

Kienberge

Alter
Wildenstein

Hinterer

Wildensteiner

Zeughausstraße

Eichborn

Queen-
wiesen

Wald

Vorderes
Raubschloß
Frienstein

455 m

Idagrotte

Reitsteig

Kleiner Zschand

499 m
Kleiner
Winterberg

Bärenhorn

Hering-
stein

N

0   500 m

Pfad führt uns zwischen Friensteinwächter und Frienstein zum Aussichtspunkt. Wir wandern weiter um den *Frienstein* herum. Ein schmales Felsenband – wir können uns an Eisenklammern festhalten – führt hoch über dem Abgrund zur großen *Friensteinhöhle*, der *Idagrotte*.

Wir gehen auf dem Herweg zurück, treffen vor Erreichen des Friensteinflössels auf die bereits bekannte Markierung grüner Strich und folgen ihr nach links.

(Wenn wir der Markierung nach rechts folgen, können wir über den Königsweg und den Hinteren Heideweg den Beuthenfall in Kürze erreichen.)

Auf dem *Oberen Affensteinweg* wandern wir Richtung *Kleiner Winterberg*. Er zieht zwischen Abgrund und Felswänden entlang. Zurückblickend erkennen wir den Eingang zur Idagrotte. Kurze Pfade führen zu Aussichtspunkten links des Weges. Wir laufen an der Nordseite des *Kleinen Winterberges* entlang, biegen dann links ab (roter Punkt und grüner Strich). Wir folgen den steilen Serpentinen talwärts zu einer Kreuzung mit Wegweiser, halten uns geradeaus (roter Punkt), wandern nun auf dem breiten *Fremdenweg,* passieren linker Hand den Eichborn und kreuzen die *Zeughausstraße.*

Unmittelbar vor dem Neuen Wildenstein kreuzen wir den *Haussteig.* Dann steigen wir über viele Stufen und durch eine enge Kluft in den *Neuen Wildenstein* hinein und zum *Kuhstall* hinauf. Wir gehen zur Aussicht und blicken gen Süden zu den Affensteinen. Im *Kuhstall* wenden wir uns nach links, schlüpfen durch einen kleinen *Tunnel* und steigen die 108 Stufen der schmalen Himmelsleiter in äußerster Enge zur *Hauptburg* hinauf. Zum Abstieg darf die Himmelsleiter nicht benutzt werden.

An der Westseite steigen wir hinab, passieren die *Gaststätte* und folgen dem roten Punkt nach links. Wir biegen links in die breite *Kuhstallstraße* ein, passieren den von links einmündenden Hinteren Kuhstallweg – linker Hand entspringt der Münzborn –, überqueren die *Kirnitzsch* und erreichen den *Lichtenhainer Wasserfall,* folgen der Verkehrsstraße Richtung Bad Schandau und erreichen den *Beuthenfall* in wenigen Minuten.

Die Heilige Stiege (Foto: Norbert Forsch)

23 Beuthenfall – Carolafelsen – Obere Affensteinpromenade – Frienstein – Beuthenfall

Verkehrsmöglichkeiten Der Beuthenfall liegt etwa acht Kilometer von Bad Schandau entfernt an der Kirnitzschtalstraße. Vorletzte Station der Kirnitzschtalbahn von Bad Schandau zum Lichtenhainer Wasserfall. Haltepunkt der Buslinie Dresden – Bad Schandau – Hinterhermsdorf.

Parkmöglichkeiten Parkplatz am Beuthenfall.

Wegmarkierungen Grüner Punkt bis zum Höllweg, dann unmarkiert bis Anschluß grüner Strich.

Tourenlänge 9 Kilometer.

Wanderzeit 4 Stunden.

Höhenunterschiede 350 Höhenmeter.

Wanderkarte 1:10 000 Schrammsteingebiet.

Wissenswertes Diese Tour sollte nur von bergerfahrenen Wanderern durchgeführt werden. Feste Schuhe, Trittsicherheit und Schwindelfreiheit sind absolute Bedingung. Die *Obere Affensteinpromenade,* auch Oberer Affensteinweg genannt, ist ein anspruchsvoller, unmarkierter Pfad zwischen den beiden »Stockwerken« der stark zerklüfteten Affensteine. Er führt oft dich am Abgrund entlang und schenkt stets aufs Neue überraschende Fernblicke.

Affensteine und *Frienstein* siehe Tour 22.

Tourenbeschreibung Vom *Parkplatz* ausgehend überschreiten wir die *Kirnitzsch* und wandern Richtung Mittelwinkel (grüner Punkt). Nach etwa 400 Metern biegen wir rechts in den *Vorderen Heideweg* ein. Unser breiter Wanderweg zieht bald scharf nach rechts und geht in den *Unteren Affensteinweg* über. Er führt uns am mächtig aufragenden Bloßstock vorbei und durch dichten Wald. In einer scharfen Rechtskurve passieren wir einen links abzweigenden Pfad, der durch die Wilde Hölle zum Carolafelsen führt. Wir wandern jedoch weiter, queren den *Reitsteig* und erreichen auf dem nun *Zeughausweg* genannten Wanderweg nach etwa 400 Metern – vom Abzweig Wilde Hölle gerechnet – den links abzweigenden *Höllweg.*

Er führt uns zu Beginn recht bequem bergauf (unmarkiert), läuft ein kurzes Wegstück durch hochstämmigen Birkenwald, steigt dann allmählich an, taucht immer steiler werdend in die *Hölle* ein und gabelt sich auf der Höhe. Hier links und dann auf etwa gleichem Niveau bleibend zu einer etwa 300 Meter entfernten *Pfadkreuzung.* Wir halten uns rechts, steigen steil auf die Höhe, biegen dort rechts ab und erreichen die Aussicht auf dem

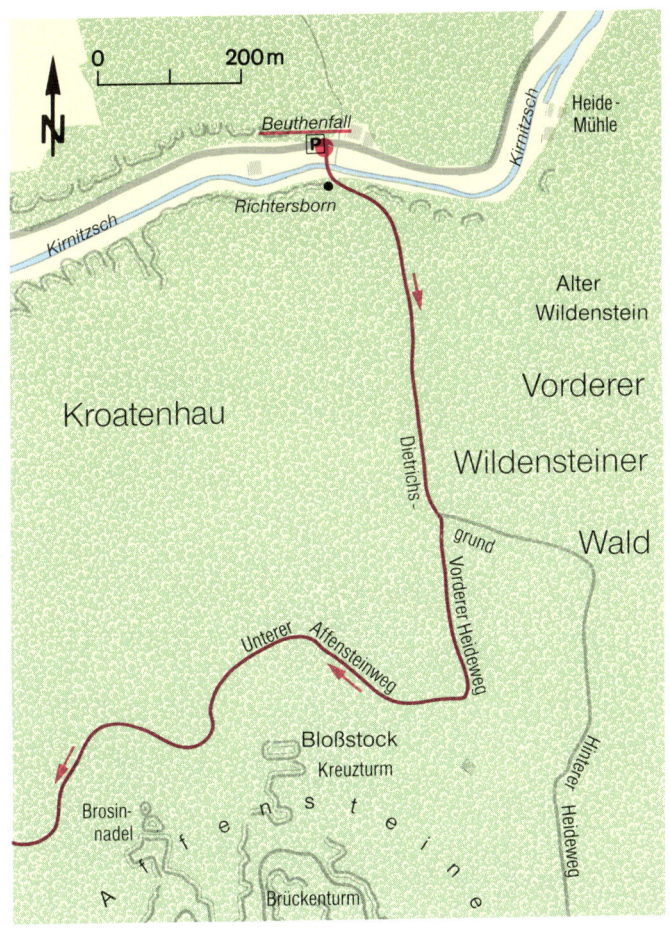

Carolafels (453 m). Wir erblicken den Großen Dom, ferner Schrammsteine, Falkenstein und Hohe Liebe, im Hintergrund Lilienstein und Basteiwände.

Auf dem Herweg gehen wir zur *Pfadkreuzung* zurück und halten uns rechts. Der links abzweigende Pfad führt in die Wilde Hölle. Langsam steigert sich die Szenerie. Auf der *oberen Affensteinpromenade* laufen wir oft dicht am Abgrund entlang und übersteigen Felsen. Mehrmals verengt sich der Pfad und verbreitert sich wieder. Wir umwandern die Kletterfelsen Drillinge und Leuchterweibchen, laufen das Große Bauerloch aus, umlaufen den Brückenturm am Langen Horn und erreichen die Aussicht

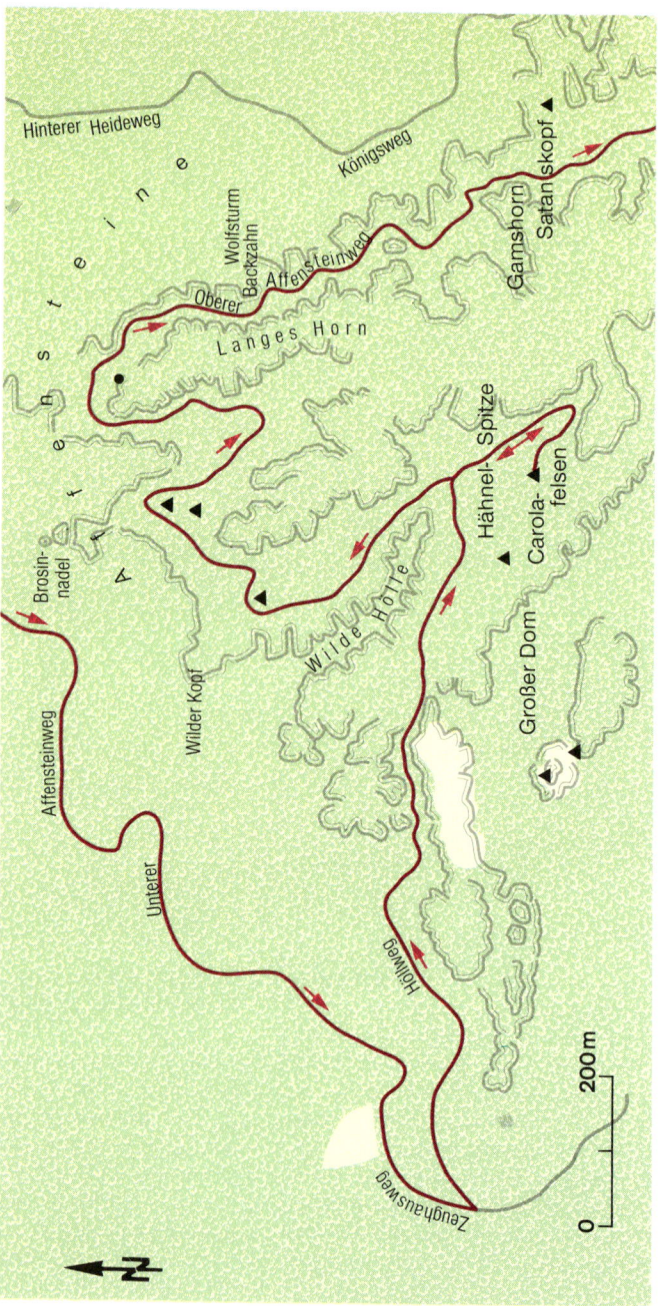

Hinterer Heideweg

Königsweg

Satanskopf ◢

Gamshorn

Wolfsturm
Backzahn
Affensteinweg

Oberer
Langes Horn

Affensteine

Brosin-
nadel

Hähnel-Spitze

Carola-
felsen ◢

◢

Wilder Kopf

Wilde Hölle

Großer Dom

◢
◢

Affensteinweg

Unterer

Höllweg

Zeughausweg

200 m

0

N

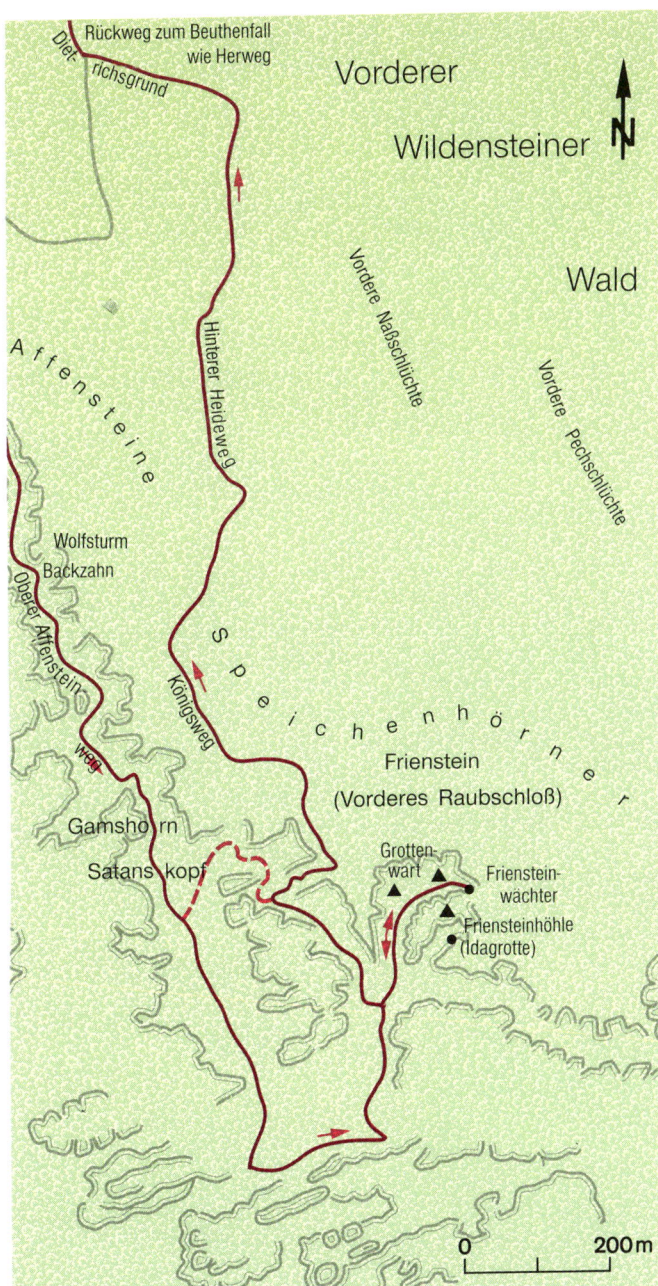

Rückweg zum Beuthenfall
wie Herweg

Dietrichsgrund

Vorderer

Wildensteiner

N

Wald

Vordere Naßschlüchte

Vordere Pechschlüchte

Affensteine

Hinterer Heideweg

Wolfsturm
Backzahn

Oberer Affenstein

Weg

Königsweg

S p e i c h e n h ö r n e r

Frienstein
(Vorderes Raubschloß)

Gamshorn

Satanskopf

Grotten-
wart

Frienstein-
wächter

Friensteinhöhle
(Idagrotte)

0   200 m

beim *Backzahn*. Alter und Neuer Wildenstein sind gut zu sehen. Weiter an der Wolfsspitze und am Hentschelturm vorbei in eine Senke.

Das nun folgende Wegstück der *Oberen Affensteinpromenade* führt hart am Abgrund entlang. Hier bietet sich eine Ausweichmöglichkeit an: Wir halten uns rechts und stoßen nach etwa 300 Metern auf den *Reitsteig* (blauer und gelber Strich). Ihm folgen wir etwa 200 Meter nach links, biegen dann links ab und erreichen nach weiteren 200 Metern das *Friensteinflössel* und den Anschluß an den folgend beschriebenen Weg.

Wir biegen in der Senke links ab, halten uns aber sofort rechts und bergauf. Wir umgehen den *Satanskopf*. Dann verengt sich der Pfad und läuft als schmales ungesichertes Felsband ein kurzes Stück zwischen Wand und Abgrund, wird sogleich wieder breiter und führt ein kurzes Wegstück talwärts zu einer Gabelung. Links können wir jetzt schon zum Beuthenfall abbiegen, würden uns aber den abenteuerlichen Abstecher zum Frienstein entgehen lassen.

Nun gehen wir geradeaus (grüner Strich) und erreichen nach etwa 200 Metern das in einer Senke liegende *Friensteinflössel,* eine gefaßte Quelle. Dort treffen wir auf die grüne Strichmarkierung, folgen ihr etwa 50 Meter steil bergauf, halten uns dann links. Ein unmarkierter Pfad führt uns zwischen Friensteinwächter und Frienstein zum Aussichtspunkt. Wir wandern weiter um den *Frienstein* herum. Ein schmales Felsband – wir können uns an Eisenklammern festhalten – führt hoch über dem Abgrund zur großen *Friensteinhöhle,* der *Idagrotte*.

Wir gehen auf dem Herweg zurück, treffen bereits vor Erreichen des Friensteinflössels auf die bekannte Markierung grüner Strich. Ihr folgen wir nach rechts. Der Weg biegt an der Einmündung des vom Satanskopf kommenden Pfades rechts ab und führt sehr steil talwärts zum *Königsweg*. Ihm folgen wir etwa 300 Meter nach links, biegen rechts in den *Hinteren Heideweg*, bald links in den *Dietrichsgrund* ein und erreichen wieder den *Beuthenfall*.

24 Lichtenhainer Wasserfall – Lichtenhain – Ottendorf – Großstein – Felsenmühle – Lichtenhainer Wasserfall

Verkehrsmöglichkeiten Der Lichtenhainer Wasserfall liegt etwa 7,5 Kilometer von Bad Schandau entfernt an der Kirnitzschtalstraße. Endstation der in Bad Schandau abfahrenden Kirnitzschtalbahn. Haltestelle der Buslinie Dresden – Bad Schandau – Hinerhermsdorf.

Parkmöglichkeiten Parkplatz am Lichtenhainer Wasserfall oberhalb der Gaststätte rechts der Kirnitzschtalstraße.

Wegmarkierungen Roter Strich bis Lichtenhain, grüner Punkt bis Ottendorf, grüner Strich bis zur Felsenmühle, grüner Diagonalstrich bis zum Lichtenhainer Wasserfall.

Tourenlänge 12,5 Kilometer.

Wanderzeit 4 Stunden.

Höhenunterschiede 350 Höhenmeter.

Wanderkarte 1:25000 Blatt 45 Sächsische Schweiz/Bad Schandau, Sebnitz.

Wissenswertes Der *Lichtenhainer Wasserfall* ist ein traditionsreicher Ausgangspunkt. Früher warteten hier Sesselträger und Saumtierführer auf Kundschaft. Der Berggasthof »Lichtenhainer Wasserfall« wurde 1854 erbaut. Dicht am Haus fällt der Lichtenhainer Bach über eine Felsstufe, bevor er in die Kirnitzsch mündet.

Abwechslungsreiche und wenig begangene Wege führen uns durch Wald und Wiesen zu schönen Aussichtspunkten. Einige kurze, steile Aufstiege müssen bewältigt werden. Wir überschreiten die hinter dem *Kühnberg* (360 m) verlaufende Lausitzer Störung. Sie bildet die Grenze zwischen der zerklüfteten Sandstein- und der sanft gewellten Granitlandschaft.

Tourenbeschreibung Wenige Meter unerhalb vom *Lichtenhainer Wasserfall* biegen wir in einen schmalen Pfad ein, steigen steil bergauf (roter Strich) und biegen bald rechts in einen breiten Querweg ein. Er folgt dem *Lichtenhainer Bach* und erreicht nach etwa 700 Metern eine *Schutzhütte*. Hier biegen wir links in den *Hörnelweg* ein. Als steiler, wurzelreicher Pfad schlängelt er sich auf die Höhe, verläuft dann durch Wiesengelände und erreicht *Lichtenhain* am *Berghof*.

Wir folgen der *Hauptstraße* nach rechts (grüner Punkt), biegen am Ortsende rechts ab Richtung Ottendorf, wandern etwa 500 Meter auf einem breiten, von Strommasten flankierten Wirtschaftsweg und biegen dann links ab. Am Waldrand biegen wir rechts ab, wandern talwärts durch den Wald, überschreiten

N

Keilholz

Lichtenhain

Kirche

Hörnelweg

Knecht bach

Kirnitzsch

Lichtenhainer
Mühle

Bach

Flößersteig

Lichtenhainer

Lichtenhainer
Wasserfall

P

Hausberg

Neuer
Wildenstein

Beuthenfall

Hauptburg

Kuhstall

Dietrichsgrund

Alter
Wildenstein

Hinterer

0   500 m

Wildensteiner Wald

einen Bach und treffen auf einen breiten Forstweg. Hier rechts. Der Weg folgt talwärts dem Bachlauf und gabelt sich nach etwa 500 Metern bei der Einmündung des *Ottendorfer Wassers* in den *Knechtsbach*. Wir biegen links ab, erreichen nach etwa 100 Metern eine Gabelung und biegen rechts in den *Ottendorfer Steig* ein. Er führt steil bergauf, tritt aus dem Wald, läuft dann als Pfad, später als breiter Wirtschaftsweg durch die Flur und erreicht den nördlichen Ortsrand von *Ottendorf*.

Nun der Verkehrsstraße in den Ort folgen. Sie zieht bald in eine scharfe Linkskurve. Hier halten wir uns geradeaus (grüner Strich), wandern an den *Gebäuden der Wasserwirtschaft* unterhalb der Endlerkuppe vorbei und biegen an der folgenden Gabelung rechts ab. Durch die Flur auf breitem Weg in den Wald. Wir wandern an dem links abzweigenden Weg zur Felsenmühle vorbei und halten uns an der Gabelung am Waldrand links, betreten den Wald, halten uns an der folgenden Gabelung wieder links und wandern am Südhang des *Kühnberges* entlang. Der Weg zieht bald in eine scharfe Rechtskurve und verengt sich zu einem Hohlweg. An seinem Ende erreichen wir den links zur Felsenmühle abzweigenden Weg. Hier gehen wir geradeaus weiter. Ein breiter, ansteigender Pfad führt uns zur Aussicht auf dem *Großstein* (359 m). An der Südwestecke des *Großsteins* sehen wir den Kletterfels »Großsteinnadel«. Im Kirnitzschtal erblicken wir unser nächstes Ziel, die Felsenmühle.

Auf dem Herweg gehen wir zur Abzweigung am Ende des Hohlweges zurück. Steil hinab. Wir überqueren eine große Lichtung, halten uns an folgender Gabelung links und erreichen die *Kirnitzschtalstraße* bei der *Felsenmühle*. Wir folgen der Straße nach rechts, überschreiten die *Kirnitzsch* und folgen dem *Flößersteig* zum *Lichtenhainer Wasserfall*.

Lichtenhainer Wasserfall   (Foto: Michael Klees)

25 Neumannmühle – Arnstein – Kleinsteinhöhle – Pohlshörner – Zeughaus – Hickelhöhle – Zeughaus – Neumannmühle

Verkehrsmöglichkeiten Die Neumannmühle liegt etwa 12 Kilometer von Bad Schandau entfernt an der Kirnitzschtalstraße. Haltepunkt der Buslinie Dresden – Bad Schandau – Hinterhermsdorf.

Parkmöglichkeiten Parkplatz oberhalb der Neumannmühle.

Wegmarkierungen Gelber Punkt.

Tourenlänge 16 Kilometer.

Wanderzeit 6 Stunden.

Höhenunterschiede Insgesamt 570 Höhenmeter, davon entfallen 120 Höhenmeter auf die Strecke vom Zeughaus zur Hickelhöhle und zurück.

Wanderkarte 1:25000 Blatt 45 Sächsische Schweiz/Bad Schandau, Sebnitz.

Wissenswertes In der *Neumannmühle* wurde vom 16. Jahrhundert an bis 1945 Holz verarbeitet. Der Fachwerkbau stammt aus dem 18. Jahrhundert. Das Museum in der Neumannmühle gibt einen Einblick in die Geschichte der Flößerei und Holzfällerei.

Ein steiler Aufstieg führt uns auf das *Arnsteinplateau*. Im 15. Jahrhundert hatten sich hier in luftiger Höhe Raubritter eingenistet. Deshalb wird der Arnstein auch Ottendorfer Raubschloß genannt. Erst nach zweimaliger Belagerung konnte die Befestigung eingenommen und die Gefahr für die umliegenden Dörfer gebannt werden. Eine fünf Meter tiefe Zisterne und einige in den Fels gehauene Figuren sind die letzten deutlichen Spuren der Besiedlung.

Ein kurzer Abstecher führt uns zur *Kleinsteinhöhle*. Durch die Radierung »Gothische Höhle« von Ludwig Richter (1820) ist sie über die Region hinaus bekannt geworden.

Vom *Großen Pohlshorn* überblicken wir den Zschand und wandern zum *Zeughaus* hinab. Das erste Zeughaus war eine 1642 erbaute Hütte. Sie diente der Aufbewahrung von kurfürstlichem Jagdzubehör. Heute befindet sich hier das Forstamt und ein Hotel-Restaurant.

Die *Hickelhöhle* ist ein 14 Meter breiter und acht Meter tiefer Felsüberhang.

Anmerkung Wir können bereits am Zeughaus den Rückweg antreten. Die Wanderung verkürzt sich dann auf zehn Kilometer.

116

Tourenbeschreibung Von der *Neumannmühle* entlang der Verkehrsstraße Richtung Hinterhermsdorf. Wir passieren die *Buschmühle,* biegen links in die Verkehrsstraße Richtung Sebnitz ein steigen dann sofort auf schmalem Pfad rechts den Hang hinauf (gelber Punkt), treffen auf den *Neuen Weg* und biegen scharf links ab. Zur Rechten erhebt sich eine hohe Felswand, dann senkt sich der Weg sanft zu Tal, entfernt sich vom Fels und geht in eine scharfe Rechtskurve. Nun müssen wir aufpassen. Nach einem kurzen Wegstück biegen wir rechts ab. Ein schmaler, unmarkierter, aber mit Geländer versehener Pfad führt uns steil zum *Arnstein* hinauf. Wir schlüpfen durch eine enge Felsspalte und folgen ausgetretenen Stufen zur *Zisterne* auf der *Oberburg.* Spätestens hier wird deutlich, welch gefährliches Unterfangen jegliche Belagerung war.

Wir gehen den Herweg zurück, passieren die Einmündung des bekannten Pfades und folgen dem *Neuen Weg* nun in östlicher Richtung (roter Strich). Nach längerer Wanderung durch Nadelwald gabelt sich der Weg auf einer Lichtung. Hier rechts. Wenig später, in einer scharfen Rechtskurve, zweigt links der Weg zur Kleinsteinhöhle ab. Steil bergauf, an der Abzweigung nach Saupsdorf vorbei (ihr folgt der rote Strich), wandern wir ohne Markierung weiter bergan zur *Kleinsteinhöhle* (unmarkiert).

Den Herweg zurück; wir passieren die Abzweigung nach Saupsdorf, treffen wieder auf unseren breiten Wanderweg und folgen ihm hinab zur Verkehrsstraße (roter Strich). Ihr folgen wir etwa 600 Meter nach links Richtung Räumichtmühle, biegen dann rechts ab (grüner Strich). Ein großer Sandsteinblock weist hier auf den Natonalpark hin.

Sehr steil steigen wir die *Mühlsschlüchte* hinauf und erreichen eine *Schutzhütte.* Links zweigt ein Weg nach Hinterhermsdorf ab. Wir gehen geradeaus weiter. Nach wenigen Metern macht uns ein Wegweiser auf das *Kleine Pohlshorn* aufmerksam. Bei weitem aussichtsreicher ist jedoch der Blick vom Großen Pohlshorn. Wir folgen dem Weg Richtung Zeughaus etwa 750 Meter, bis er scharf nach links zieht. Hier halten wir uns geradeaus und erreichen das *Große Pohlshorn.*

Nach diesem Abstecher wandern wir – immer noch der grünen Strichmarkierung folgend – auf steilem, schmalem Pfad ins Tal, überqueren die *Kirnitzsch,* steigen wieder steil bergauf und erreichen auf der Höhe einen breiten Weg. Ihm folgen wir etwa 20 Meter nach links, biegen dann rechts ab, wandern talwärts und erreichen das *Zeughaus.*

Kurz hinter dem *Hotel-Restaurant* biegen wir links in den *Großen Zschand,* nach etwa 150 Metern links in den *Großen*

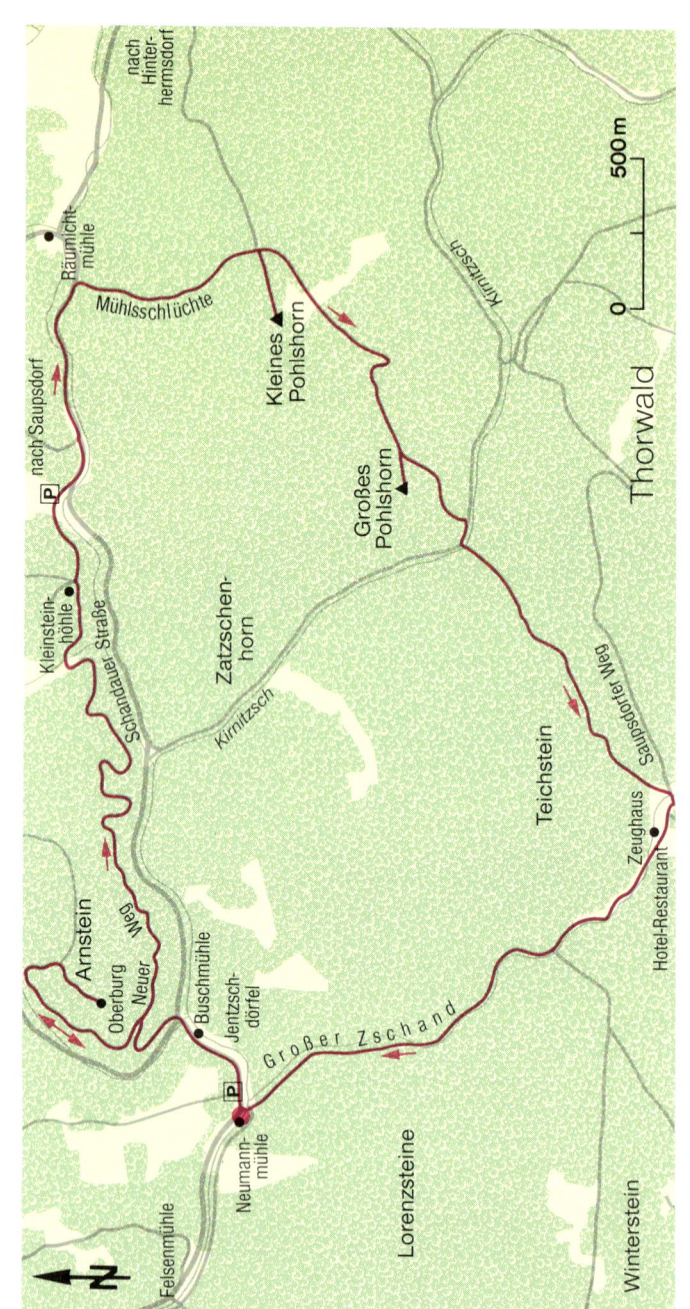

nach
Hinter-
hermsdorf

Räumicht
mühle

Mühlsschlüchte

Kleines
Pohlshorn

Kirnitzsch

500 m

0

nach Saupsdorf

P

Thorwald

Großes
Pohlshorn

Kleinstein-
höhle

Zatzschen-
horn

Schandauer Straße

Kirnitzsch

Saupsdorfer Weg

Teichstein

Zeughaus

Hotel-Restaurant

Arnstein

Oberburg

Neuer Weg

Buschmühle

Jentzsch-
dörfel

Großer Zschand

P

Neumann-
mühle

Felsenmühle

Lorenzsteine

Winterstein

N

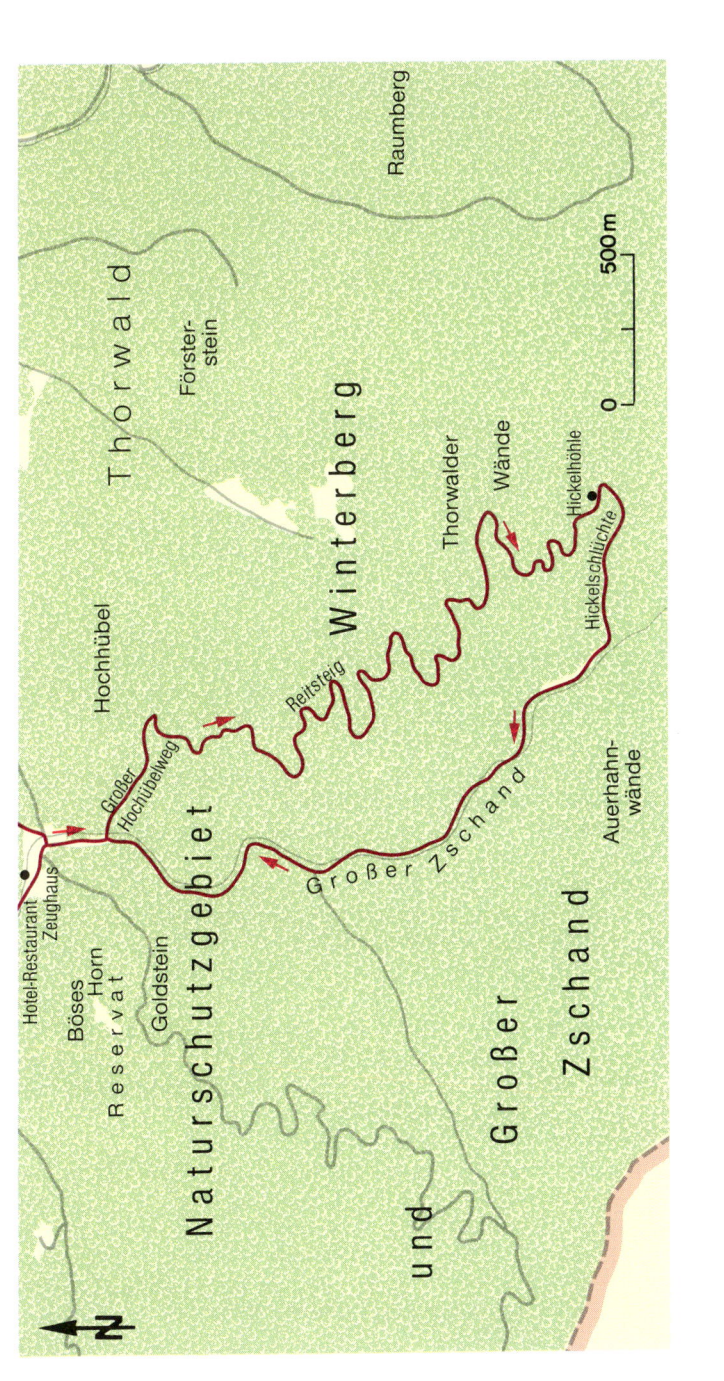

Raumberg

500 m

0

T h o r w a l d

Förster-
stein

Thorwalder
Wände

W i n t e r b e r g

Hickelhöhle

Hochhübel

Reitsteig

Hickelschlüchte

Großer
Hochhübelweg

Hotel-Restaurant
Zeughaus

N a t u r s c h u t z g e b i e t

Großer Zschand

Auerhahn-
wände

Böses
Horn

Goldstein

R e s e r v a t

u n d

G r o ß e r

Z s c h a n d

N

Hochhübelweg, nach weiteren 350 Metern rechts in den *Reitsteig* ein. Er windet sich an den mächtig aufragenden *Thorwalder Wänden* entlang und erreicht nach etwa drei Kilometern die *Hickelhöhle.* Hier ist der Wendepunkt unserer Wanderung.

Wir biegen rechts ab (roter Strich), wandern durch die *Hickelschlüchte* und trefen auf einen breiten Querweg. Hier rechts, durch den *Großen Zschand* zurück zum *Zeughaus* und geradewegs an der Gaststätte vorbei zur *Neumannmühle* (gelber Strich).

26 Neumannmühle – Zeughaus – Goldsteig – Neumannmühle

Verkehrsmöglichkeiten Die Neumannmühle liegt etwa 12 Kilometer von Bad Schandau entfernt an der Kirnitzschtalstraße. Haltestelle der Buslinie Dresden – Bad Schandau – Hinterhermsdorf.

Parkmöglichkeiten Parkplatz oberhalb der Neumannmühle.

Wegmarkierungen Gelber Strich bis zum Zeughaus, blauer Strich bis zum Goldstein, Goldsteig unmarkiert, dann grüner Punkt bis Anschluß grüner Strich und grüner Diagonalstrich des Flößersteiges.

Tourenlänge 11 Kilometer.   **Wanderzeit** 4 Stunden.

Höhenunterschiede 320 Höhenmeter.

Wanderkarte 1:25 000 Blatt 45 Sächsische Schweiz/Bad Schandau, Sebnitz.

Wissenswertes Auf bequemem Weg erreichen wir den *Goldsteig.* Er wird vor allem von Kletterern frequentiert, die sich hier an bekannten Gipfeln üben. Allein auf den Goldstein führen mehr als 40 Aufstiege. Der Steig ist nicht markiert, aber mit ein wenig Aufmerksamkeit nicht zu verfehlen. Mächtige Felsen wechseln mit dichtem Wald und schönen Aussichten. Hier ist Trittsicherheit und Schwindelfreiheit gefordert. Der Name des Steiges erinnert an die bereits im 16. Jahrhundert begonnene, aber stets erfolglos gebliebene Suche nach Gold.

Neumannmühle und *Zeughaus* siehe Tour 25.

Tourenbeschreibung Von der *Neumannmühle* wandern wir auf breitem Asphaltweg durch den *Großen Zschand* zum *Zeughaus* (gelber Strich) und biegen rechts in den *Roßsteig* ein (blauer Strich). Zur Rechten erstreckt sich das Reservat um das Böse Horn. Nach etwa 700 Metern – vom Zeughaus aus gerechnet – erreichen wir zur Linken den beliebten Kletterfelsen *Goldstein.*

Folgen wir dem Roßsteig, erreichen wir nach etwa 10 Minuten die Goldsteinaussicht. Wir biegen jedoch links in den schmalen *Goldsteig* ein.

Über Steinbrocken gehen wir inks um den *Goldstein* herum, dann ein Wegstück sanft bergab. Mächtig ragen die Wände empor, tief geht es links zu Tal. Der Weg ist schmal, aber bequem. Abzweigende Wege sind entweder gesperrt oder gekennzeichnete Zugänge zu Kletterfelsen. Wir folgen den Windungen des Goldsteigs etwa zwei Kilometer und treffen auf den durch die *Richterschlüchte* führenden Weg (grüner Punkt). Ihm folgen wir rechts bergauf. Nach einem kurzen Wegstück müssen wir aufpassen. Nach links führt ein schmaler Pfad zur *Richtergrotte*. Eine Spaltquelle spendet einen steten Strom feiner Wassertropfen. Sie rieseln von großer Höhe herab.

Der weitere Weg führt am *Krinitzgrab* vorbei. Steil hinauf und zum pilzförmigen *Katzenstein*. Hier treffen wir wieder auf den *Roßsteig* (blauer Strich). Ihm folgen wir etwa 800 Meter nach links, biegen dann rechts ins *Heringsloch* ein (grüner Strich). Steil steigen wir in einer Rechtskurve hinab. Immer höher ragen die Felsen empor, immer enger wird die Schlucht und holpriger der Pfad. Wir queren zwischen Heringstein und Bärenhorn einen mit rotem Strich markierten Weg und wandern auf dem *Queenweg* durch den *Kleinen Zschand* zu den *Queenwiesen*. Der Weg wird bequem und führt durch eine parkähnliche Landschaft. Am Querweg bei den Queenwiesen nach rechts. Am fol-

Kahler Alpendost und Kleiner Fuchs (Foto: Ulrich Schnabel)

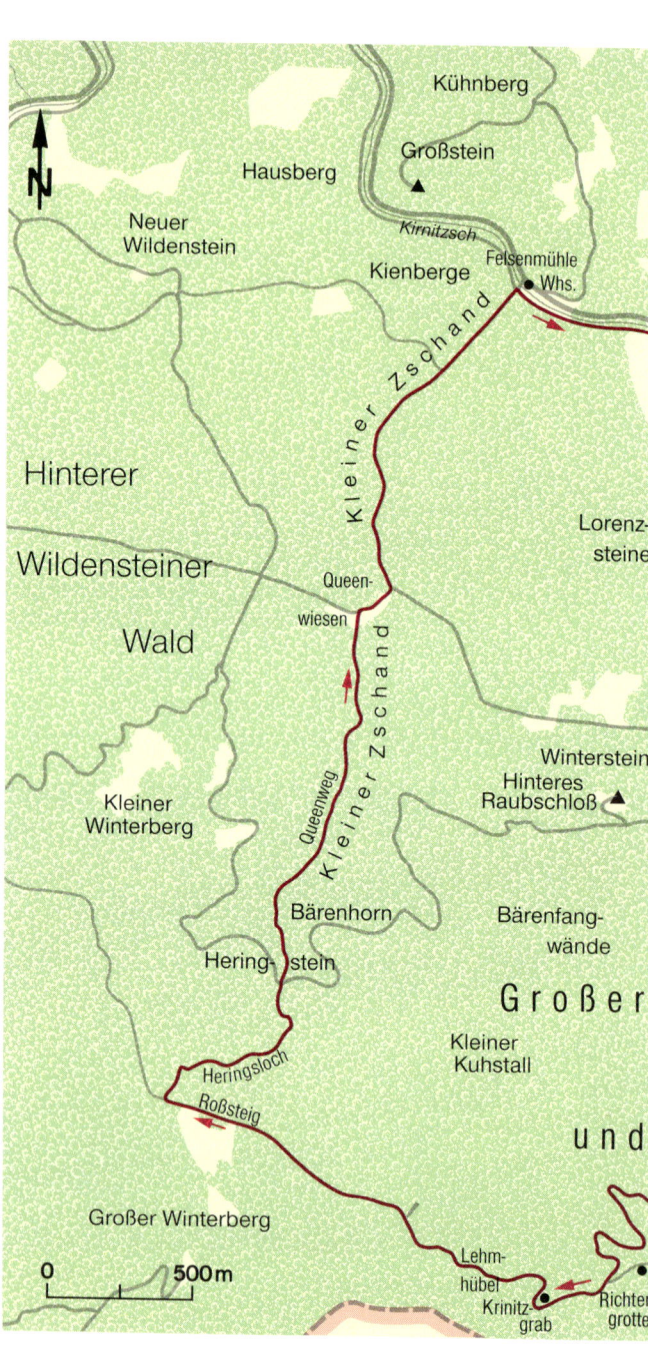

Kühnberg

Großstein

Hausberg

Neuer
Wildenstein

Kirnitzsch

Felsenmühle

Kienberge

Whs.

K l e i n e r   Z s c h a n d

Hinterer

Lorenz-
steine

Wildensteiner

Queen-
wiesen

Wald

Kleiner Zschand

Winterstein

Hinteres
Raubschloß

Kleiner
Winterberg

Queenweg

Bärenfang-
wände

Bärenhorn

Hering- stein

G r o ß e r

Kleiner
Kuhstall

Heringsloch

Roßsteig

u n d

Großer Winterberg

Lehm-
hübel

0   500 m

Krinitz-
grab

Richter-
grotte

genden Querweg bei der *Schutzhütte* links und auf breitem Weg Richtung Felsenmühle. Kurz vor Erreichen der Kirnitzsch biegen wir rechts ab und folgen dem *Flößersteig* zur *Neumannmühle* (grüner Diagonalstrich).

27 Neumannmühle – Hinteres Raubschloß – Kleiner Winterberg – Neumannmühle

Verkehrsmöglichkeiten Die Neumannmühle liegt etwa 12 Kilometer von Bad Schandau entfernt an der Kirnitzschtalstraße. Haltestelle der Buslinie Dresden – Bad Schandau – Hinterhermsdorf.

Parkmöglichkeiten Parkplatz oberhalb der Neumannmühle.

Wegmarkierungen Gelber Strich, roter Strich, roter Punkt, grüner Strich, grüner Diagonalstrich.

Tourenlänge 9 Kilometer.

Wanderzeit 3 Stunden.

Höhenunterschiede 280 Höhenmeter.

Wanderkarte 1:25 000 Blatt 45 Sächsische Schweiz/Bad Schandau, Sebnitz.

Wissenswertes Höhepunkt dieser Wanderung ist der abenteuerliche Aufstieg zum »Hinteren Raubschloß« auf dem *Winterstein* (390 m). Steiganlagen, Stufen und Eisenklammern helfen uns über Klüfte und Spalten hinweg. In äußerster Enge steigen wir durch einen Kamin auf das Gipfelplateau hinauf und genießen eine atemberaubende Aussicht. Das Plateau ist nicht gesichert. Hier ist Trittsicherheit und Schwindelfreiheit gefordert. Die einstige Burg wurde bereits im 13. Jahrhundert erwähnt und war Ausgangspunkt vieler Überfälle. Sie wurde vom Lausitzer Sechsstädtebund gekauft und 1442 geschleift. Mauerreste und ein Felsengemach sind erhalten geblieben.

Neumannmühle siehe Tour 25.

Tourenbeschreibung Wir überschreiten die *Kirnitzsch* und folgen der breiten Fahrstraße in den *Großen Zschand* (gelber Strich). Nach etwa 1200 Metern biegen wir rechts in die *Zeughausstraße* ein (roter Strich). Wir folgen der Rechtskurve des Weges, biegen dann links ab. Der breite Weg führt stetig bergauf und gabelt sich. Hier rechts und weiter auf schmalem, wurzelreichem Pfad. Wir erreichen eine Gruppe großer Felsen. Hier zieht der Pfad nach rechts. An der nächsten, gleich kommenden Anhöhe biegen wir rechts ab, verlassen den mit rotem Strich

Weg zur Oberen Schleuse (Foto: Michael Klees)

Vogelberg

Felsenmühle

Kirnitzsch

Buschmühle

Jentzsch-
dörfel

P

Neumann-
mühle

Heulenberg

Neunstelliger
Hübel

Lorenzsteine

Großer Zschand

Kanstein

Teichstein

Zeughausstraße

Winterstein
390 m

Hinteres
Raubschloß

Zeughaus
Hotel- Restaurant

Vord. Hinteres

Böses

Horn

Pechofen-
horn

R e s e r v a t

Goldstein

N a t u r s c h u t z g e b i e t

Großer Zschand

u n d

Z s c h a n d

0   500 m

markierten Hauptweg und steigen bergauf (unmarkiert). Wo der Pfad endet, führen Eisenleitern und Stufen weiter bis ins Innere des *Wintersteins*. Lotrecht klettern wir auf einer Leiter durch den Kamin in die Höhe. Wir schlüpfen durch eine enge Spalte und stehen endlich auf dem Gipfelplateau, das vorsichtig entdeckt werden will.

Auf dem Herweg zum Hauptweg zurück. Er führt nun ein wenig talwärts, zieht dann nach links, steigt wieder an und führt an den Pechofenhörnern vorbei zu einem Querpfad. Hier scharf links. Der Pfad führt ums Bärenhorn herum und trifft auf den *Queenweg*. Ihm folgen wir etwa 20 Meter nach rechts (grüner Strich), biegen dann links in den schmalen *Königsweg* ein (roter Strich). Wir wandern am Fuß des Heringssteins entlang, um das Gleitmannshorn herum und erreichen am Fuß des *Kleinen Winterberges* eine Steinplatte mit eingehauenem kursächsischen Wappen. Es erinnert an ein Jagdabenteuer von Kurfürst August im Jahr 1558.

Ein kurzes Wegstück weiter biegen wir rechts in den breiten *Fremdenweg* ein (roter Punkt), folgen ihm etwa 300 Meter, biegen dann rechts in die *Zeughausstraße* ein (grüner Strich) und erreichen die *Schutzhütte* bei den *Queenwiesen*. Hier links Richtung Felsenmühle. Kurz vor Erreichen der Kirnitzschtalstraße biegen wir rechts in den *Flößersteig* ein (grüner Diagonalstrich) und wandern zur nahen *Neumannmühle* zurück.

28 Hinterhermsdorf – Kleines Pohlshorn – Saupsdorf – Wachberg – Weifberg – Hinterhermsdorf

Verkehrsmöglichkeiten Von Dresden auf der B 6 bis zum Fischbacher Kreuz und weiter über Stolpen, Sebnitz und Saupsdorf oder B 172 bis Bad Schandau und weiter durch das Kirnitzschtal. Mit der Bahn bis Bad Schandau und weiter mit dem Bus. Busverbindung über Bad Schandau und Pirna mit Dresden, über Saupsdorf mit Sebnitz und über Ottendorf mit Sebnitz.
Parkmöglichkeiten Großer Parkplatz am nördlichen Ortsausgang gegenüber der Gaststätte »Erbgericht«.
Wegmarkierungen Grüner Strich bis Saupsdorf, gelber Strich bis zum Wachberg, roter Strich bis zum Folgenweg, dann gelber Strich.
Tourenlänge 14,5 Kilometer.   **Wanderzeit** 4 Stunden.
Höhenunterschiede 370 Höhenmeter.

Wanderkarte 1:25 000 Blatt 45, Sächsische Schweiz/Bad Schandau, Sebnitz.

Wissenswertes Eine bequeme und wenig begangene Wanderung. Sie führt in stetem Wechsel von Feld und Wald durch eine felsenlose, hügelige Landschaft. Sie ist völlig untypisch für die ansonsten stark zerklüftete Hintere Sächsische Schweiz. Wir haben die »Lausitzer Störung« überschritten, die Grenze zwischen zerklüfteten Sandsteinformen und sanfthügeliger Granitlandschaft.

Hinterhermsdorf (385 m) zählt rund 1000 Einwohner. In dem ehemaligen Waldhufendorf waren Holzfällerei, Seilerhandwerk und Landwirtschaft lange Zeit nahezu die einzigen Erwerbsquellen. Vom 17. bis ins 19. Jahrhundert wurde in der Umgebung Kalk abgebaut. Die Weberei verbreitete sich während des 17. Jahrhunderts. Hier liegt der Ursprung der ortstypischen Umgebindehäuser. Diese Bezeichnung kommt von der besonderen hölzernen Bauweise, die Erschütterungen der Webstühle auffing. In der Neudorfer Straße ist ein altes Umgebindehaus liebevoll restauriert und als Museum hergerichtet worden. Der Ortsteil Neudorf wurde im 17. Jahrhundert von böhmischen Protestanten, die aus dem katholischen Böhmen wegen ihres Glaubens vertrieben wurden, gegründet. Die Barockkirche auf dem Hügel am östlichen Ortsrand wurde 1690 als Pestkapelle errichtet. Allein wegen der hübschen Innenausstattung lohnt sich ein Besuch. Ebenfalls lohnend ist ein Spaziergang zur nahen Emmabank, der aussichtsreichen Anhöhe östlich des Ortes. Sie ist durch die dortige, weithin sichtbare Flugsicherungsanlage nicht zu verfehlen.

Tourenbeschreibung Wir verlassen *Hinterhermsdorf* auf der *Schandauer Straße* Richtung Bad Schandau, wandern talwärts entlang der Verkehrsstraße, passieren den Aussichtspunkt *Kanzel*, biegen etwa 30 Meter hinter der Bushaltestelle links in den *Oberen Hirschewaldweg* ein und folgen an der Kreuzung dem halbrechts bergauf führenden Weg. Nach etwa 100 Metern fällt uns eine freistehende alte *Eiche* ins Auge. Hier rechts. Wir erreichen eine *Hütte*. Unser Wanderweg führt nach rechts in die *Mühlschlüchte*.

Zuvor können wir einen Abstecher zum *Kleinen Pohlshorn* machen. Hierzu biegen wir linsk ab Richtung Zeughaus und folgen nach wenigen Metern dem Wegweiser nach rechts.

Der Weg durch die *Mühlschlüchte* führt steil talwärts durch dunklen Wald und erreicht nach etwa 600 Metern die *Verkehrsstraße*. Ihr folgen wir nach links Richtung Bad Schandau und biegen nach etwa 500 Metern rechts ab. Auf schmalem Pfad stei-

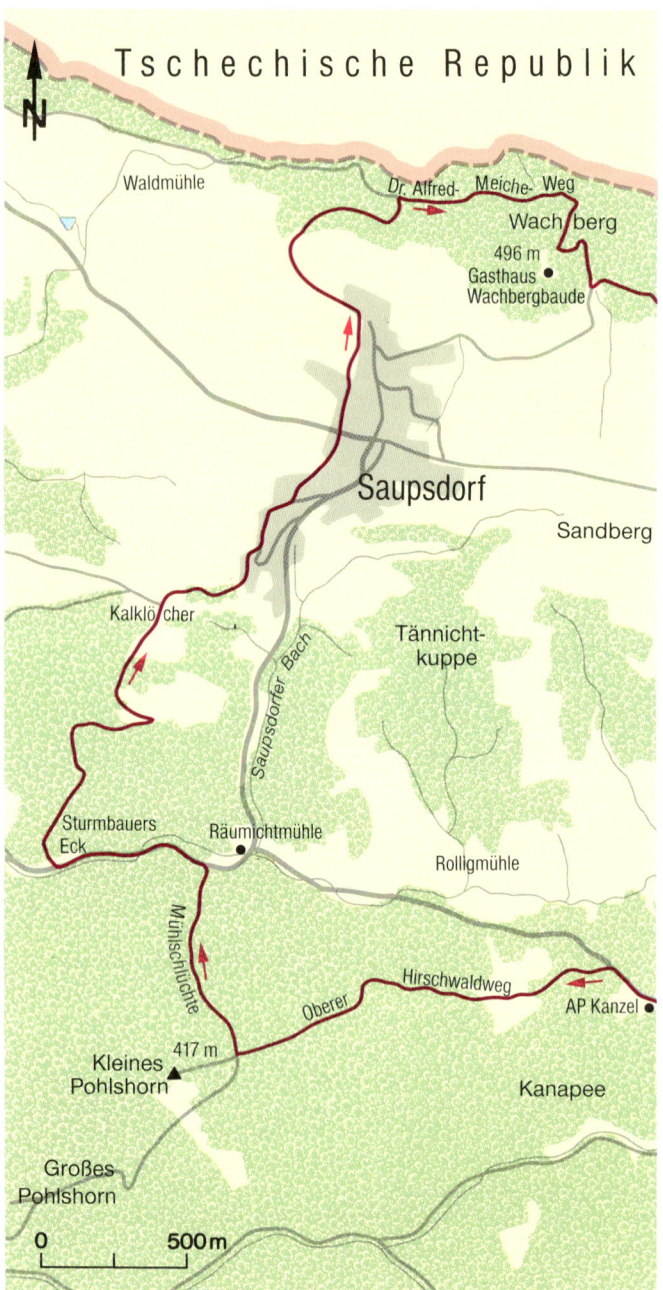

Tschechische Republik

N

Waldmühle

Dr. Alfred- Meiche- Weg

Wach berg

496 m

Gasthaus
Wachbergbaude

Saupsdorf

Sandberg

Kalklöcher

Saupsdorfer Bach

Tännicht-
kuppe

Sturmbauers
Eck

Räumichtmühle

Rolligmühle

Mühlschlüchte

Hirschwaldweg

AP Kanzel

Oberer

417 m

Kleines
Pohlshorn

Kanapee

Großes
Pohlshorn

0   500 m

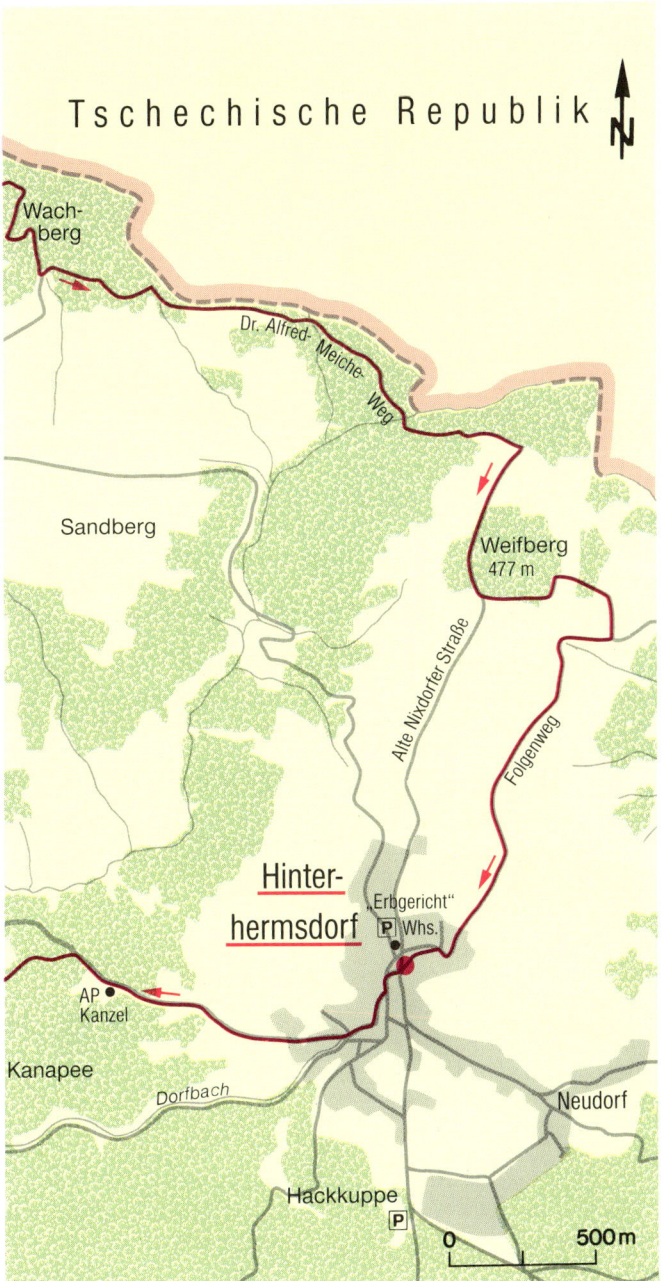

gen wir steil hinauf in den Wald zu *Sturmbauers Eck* und blicken weit ins Land. Wir wandern durch den Wald, dann über freie Wiesenflächen und erreichen bei den *Kalklöchern* einen Wirtschaftsweg, dem wir nach *Saupsdorf* folgen. In *Saupsdorf* überqueren wir die nach Sebnitz führende Verkehrsstraße und folgen nun der gelben Strichmarkierung. Stetig bergauf mit Blick über weites Wiesengelände erreichen wir wieder Wald. Auf weichem Waldweg wandernd stoßen wir auf der Höhe bei einer Ruhebank auf den *Dr.-Alfred-Meiche-Weg* (blauer Strich). Ihm folgen wir nach rechts entlang der Grenze und stehen nach wenigen Minuten vor dem *Gasthaus Wachbergbaude*. Der Aussichtspunkt schenkt uns einen schönen Blick ins Böhmische und in die Sächsische Schweiz.

Ein Wegweiser führt uns Richtung Hinterhermdorf auf eine Asphaltstraße, der wir etwa 100 Meter talwärts folgen, dann links in einen schmalen Pfad einbiegen (roter und blauer Strich). Auf schmalen Pfaden, die etwas Aufmerksamkeit erfordern, erreichen wir bei einer *Schutzhütte* die *Alte Nixdorfer Straße*. Wir folgen der schönen Allee nach rechts, wandern durch ein Waldstück am *Weifberg* und biegen links ab. Der Weg (roter Strich) zieht am Waldrand entlang, eröffnet schöne Fernblicke, taucht kurz in den Wald, führt dann talwärts durch Wiesen und stößt auf den *Folgenweg* (gelber Strich).

Wenn wir links in den *Folgenweg* einbiegen, können wir an Tour 29 anschließen und das Weißbachtal erkunden. Biegen wir rechts ein, haben wir in kurzer Zeit *Hinterhermsdorf* erreicht.

Hinterhermsdorf　　　　　　　　　　　　　　(Foto: Norbert Forsch)

29 Hinterhermsdorf – Schäferräumicht – Weißbachtal – Niedermühle – Taubenstein – Hinterhermsdorf

Verkehrsmöglichkeiten Von Dresden auf der B 6 bis zum Fischbacher Kreuz und weiter über Stolpen, Sebnitz und Saupsdorf oder B 172 bis Bad Schandau und weiter durch das Kirnitzschtal. Mit der Bahn bis Bad Schandau und weiter mit dem Bus. Busverbindung über Bad Schandau und Pirna mit Dresden, über Saupsdorf mit Sebnitz und über Ottendorf mit Sebnitz.

Parkmöglichkeiten Großer Parkplatz am nördlichen Ortsausgang gegenüber der Gaststätte »Erbgericht«.

Wegmarkierungen Gelber Strich.

Tourenlänge 10 Kilometer.

Wanderzeit 3 Stunden.

Höhenunterschiede 225 Höhenmeter.

Wanderkarte 1:25000 Blatt 45 Sächsische Schweiz/Bad Schandau, Sebnitz.

Wissenswertes Eine bequeme und erholsame Wanderung entlang der Grenze zur Tschechischen Republik. Wir queren die »Lausitzer Störung«, die Grenze zwischen sanfthügeliger Granitlandschaft und zerklüfteten Sandsteinformen. Durch einsames Waldgebiet folgen wir den lauschigen Tälern von Weißbach und Kirnitzsch.

Hinterhermsdorf siehe Tour 28.

Tourenbeschreibung Wir verlassen *Hinterhermsdorf* in nördlicher Richtung und wandern durch hügeliges Wiesengelände (gelber Strich). Links des *Folgenweges* passieren wir die Gaststätte im *Schäferräumicht* und treten in den Wald. Auf bequemem Weg ins *Heidelbachtal*. An einer Weggabelung treffen wir auf eine *Schutzhütte*. Hier biegen wir links in den *Bammelweg* ein, queren den *Heidelbach* und wandern bergan. Auf der Höhe queren wir leicht links haltend die *Alte Kalkstraße*, wandern auf schmalem Weg bergab ins *Weißbachtal* und folgen dem Lauf des *Weißbaches*, der hier die Grenze zur Tschechischen Republik bildet. Überraschend lichtet sich der Wald. Auf der tschechischen Seite ragt eine gewaltige Felsmasse empor, dann tauchen wir wieder in düsteren Fichtenwald. Mächtig überschattet ein Fels unseren Weg. Farne und moosüberwucherte Steine überall. Wir erreichen eine Talweitung und treffen auf die *Kirnitzsch*, die nun die Grenze bildet.

Durch das lauschige Wiesental folgen wir ihrem Lauf. In der Gemarkung *Im Loch* erreichen wir ein *Doppelhaus*, dessen eine

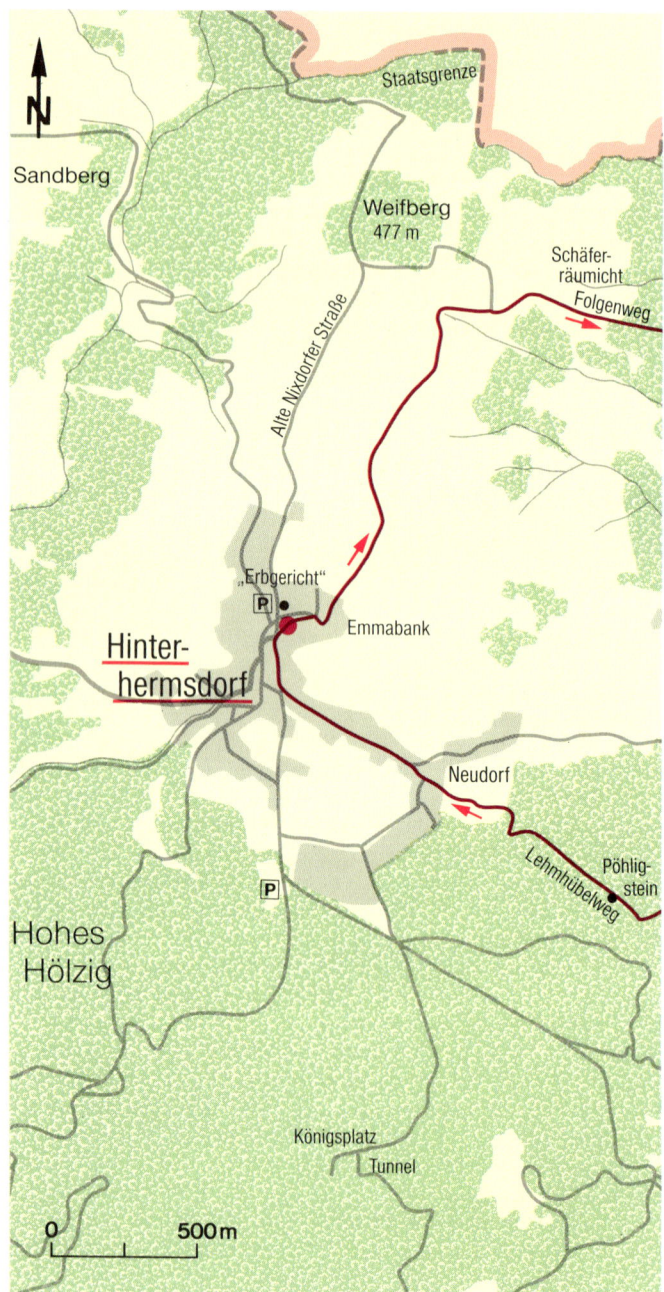

Staatsgrenze

Sandberg

Weifberg
477 m

Schäfer-
räumicht

Folgenweg

Alte Nixdorfer Straße

„Erbgericht"

P

Hinter-
hermsdorf

Emmabank

Neudorf

Pöhlig-
stein

Lehmhübelweg

Hohes
Hölzig

Königsplatz

Tunnel

0   500 m

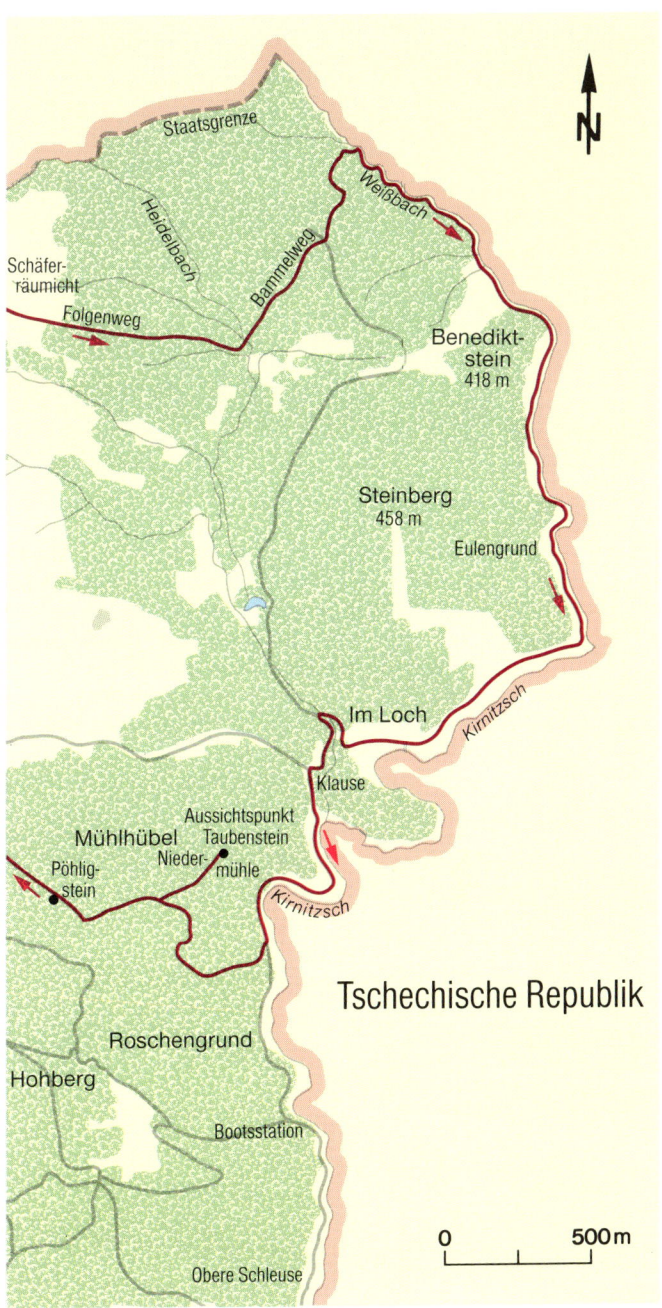

Staatsgrenze

Heidelbach

Bammelweg

Weißbach

Schäfer-
räumicht

Folgenweg

Benedikt-
stein
418 m

Steinberg
458 m

Eulengrund

Im Loch

Kirnitzsch

Klause

Aussichtspunkt
Taubenstein

Mühlhübel

Pöhlig-
stein

Nieder-
mühle

Kirnitzsch

Roschengrund

Hohberg

Bootsstation

Tschechische Republik

0   500 m

Obere Schleuse

Obere Schleuse   (Foto: Michael Klees)

Hälfte aus einem alten Umgebindehaus besteht. Ein kurzes
Wegstück weiter steigen wir an einem alleinstehenden *Haus* vorbei hinauf in den Wald. Wenige Meter hinter dem Waldrand
müssen wir aufpassen. Wir biegen links in einen schmalen Pfad
ein. Über Stufen steigen wir steil hinab, überqueren den *Heidelbach* und biegen links in den nach Hinterhermsdorf führenden
Weg ein. Wir passieren einen mächtigen *Felsüberhang*. Eine Gedenktafel erinnert an den Leidensweg von KZ-Häftlingen. Wir
biegen links ab, halten uns an der folgenden Gabelung rechts
und erreichen – nun wieder dem Lauf der *Kirnitzsch* folgend –
die verlassene *Niedermühle*. Vom ehemaligen Wasserkraftwerk
sind nur noch klägliche Reste vorhanden. Die gelbe Strichmarkierung führt uns nach rechts auf einen schmalen Pfad. Er zieht
hinter dem Wirtschaftsgebäude den Hang hinauf, führt dann
wieder zu Tal auf den breiten Weg. Hier wenden wir uns gleich
wieder rechts den steilen Hang hinauf. Auf schmalem Pfad erreichen wir die Höhe. Rechts bietet sich ein Abstecher zum
Aussichtspunkt *Taubenstein* an. Wir passieren den *Pöhligstein*
und wandern über den *Lehmhübelweg* durch den Ortsteil *Neudorf* nach *Hinterhermsdorf* zurück.

30 Hinterhermsdorf – Taubenstein – Obere Schleuse – Königsplatz – Hinterhermsdorf

Verkehrsmöglichkeiten Von Dresden auf der B 6 bis zum Fischbacher Kreuz und weiter über Stolpen, Sebnitz und Saupsdorf oder B 172 bis Bad Schandau und weiter durch das Kirnitzschtal. Mit der Bahn bis Bad Schandau und weiter mit dem Bus. Busverbindung über Bad Schandau und Pirna mit Dresden, über Saupsdorf mit Sebnitz und über Ottendorf mit Sebnitz.

Parkmöglichkeiten Parkplatz am nördlichen Ortsausgang gegenüber der Gaststätte »Erbgericht«.

Wegmarkierungen Gelber Strich bis zur Kirnitzsch, dann roter Strich.

Tourenlänge 15 Kilometer. **Wanderzeit** 3½ Stunden. **Höhenunterschiede** 300 Höhenmeter.

Wanderkarte 1 : 25 000 Blatt 45, Sächsische Schweiz/Bad Schandau, Sebnitz.

Wissenswertes Diese Tour führt zu den zwei bekanntesten Sehenswürdigkeiten bei Hinterhermdorf. Der *Königsplatz* (434 m) wurde in der ersten Hälfte des 19. Jahrhunderts zugänglich gemacht. Er schenkt einen großartigen Panoramablick. König Friedrich August II. von Sachsen hat hier gern verweilt. Unterhalb sehen wir den Dreibrüderstein. Der Zugang ist Kletterern vorbehalten.

Obere Schleuse (Foto: Michael Klees)

Obere Schleuse siehe Tour 47, *Hinterhermsdorf* siehe Tour 28.
Tourenbeschreibung Von der Ortsmitte in die *Neudorfstraße*
(gelber und grüner Strich). Wir passieren das zur Besichtigung
freigegebene alte *Umgebindehaus*, biegen nach einem kurzen
Wegstück links ab Richtung Taubenstein, nach weiteren 500 Metern rechts in den *Birkenweg*, halten uns nun geradeaus und
wandern auf dem *Lehmhübelweg* in den Wald. Wir passieren
den *Gedenkstein* für Wilhelm Pöhlig und wandern über die folgende Kreuzung hinweg in den *Reißersgrund*. Nach links bietet
sich bald ein Abstecher zum *Taubenstein* an. Der Aussichtspunkt schenkt uns einen Blick über die dichten böhmischen
Wälder. Unser markierter Wanderweg jedoch führt als schmaler
Pfad steil bergab. Mächtige Felsen türmen sich am Wegrand empor. Farne, Heidelbeersträucher und Moose überall. Wir treffen
an der *Kirnitzsch* auf die rote Strichmarkierung und folgen ihr
nach rechts. Der Weg steigt an und führt wieder in den Wald.
Nun müssen wir aufpassen. Bald biegen wir vom breiten Weg
links ab und steigen auf schmalem Pfad zur *Bootsstation* an der
Oberen Schleuse hinab. Falls wir auf die eindrucksvolle Kahnfahrt verzichten wollen, können wir den schönen Pfad am Hochufer benutzen.

An der *unteren Bootsstation* angekommen, folgen wir der roten Markierung zum *Hermannseck*. Den bequemeren Aufstieg
über Treppen erreichen wir zuerst. Wenig später führt die äußerst steile und enge *Himmelsleiter* hinauf. Sie ist nur sehr
schlanken Menschen ohne Gepäck zu empfehlen.

Vom *Hermannseck* wandern wir bequem zum *Wettinplatz*, halten uns dort links und biegen nach wenigen Metern links in
einen schmalen Weg ein. Steil bergab durch Fichtenwald zu
einem Querweg. Hier links. Überraschend ragen Felsen empor.
Am Ende der Wände biegen wir rechts ab, wandern bald auf
schmalem Pfad bergauf und steigen durch die zerklüfteten
Schweinelöcher. Wir schlüpfen durch einen finsteren *Tunnel* und
machen bald links einen Abstecher zum *Königsplatz*.

Unser Wanderweg (roter Strich) führt uns nun zum *Hohweg*
(blauer Strich). Ihm folgen wir nach links und wandern am
Parkplatz Buchenparkhalle vorbei nach *Hinterhermsdorf* zurück.

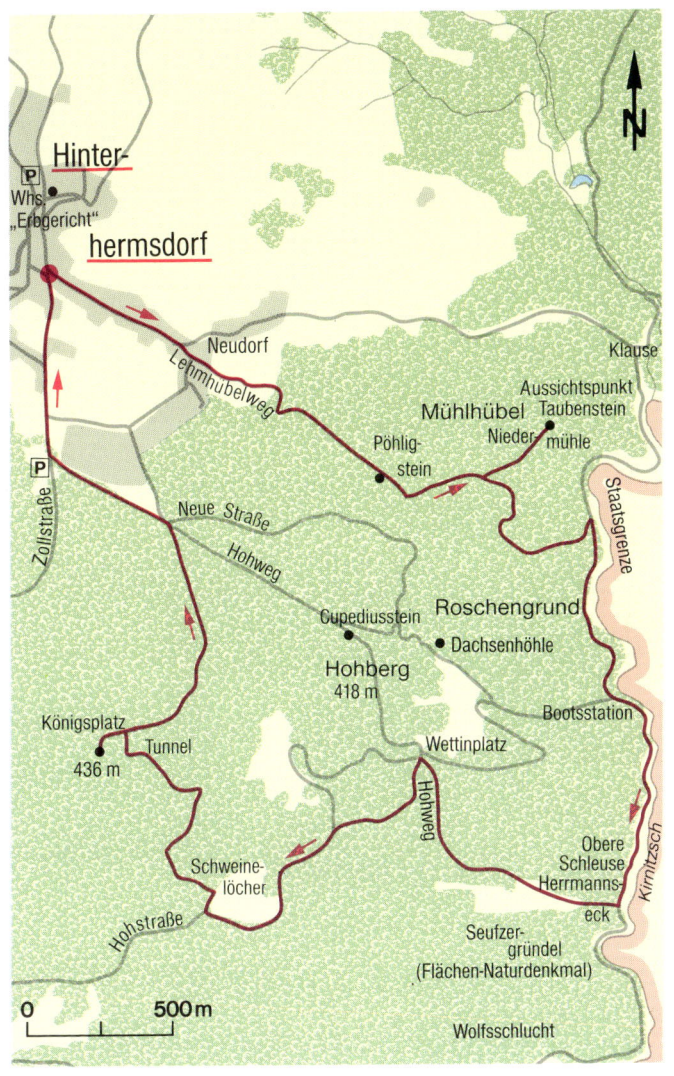

Hinter-

Whs.
„Erbgericht"

hermsdorf

Neudorf

Klause

Lehmhübelweg

Mühlhübel

Aussichtspunkt
Taubenstein
Nieder-   mühle

Pöhlig-
stein

Staatsgrenze

Neue Straße

Hohweg

Cupediusstein

Roschengrund

Zollstraße

Dachsenhöhle

Hohberg
418 m

Königsplatz
436 m

Tunnel

Bootsstation

Wettinplatz

Hohweg

Obere
Schleuse
Herrmanns-
eck

Schweine-
löcher

Kirnitzsch

Hohstraße

Seufzer-
gründel
(Flächen-Naturdenkmal)

0   500 m

Wolfsschlucht

Obere Schleuse

(Foto: Norbert Forsch)

31 Hinterhermsdorf – Königsplatz – Obere Schleuse – Wolfsschlucht – Altarstein – Hinterhermsdorf

Verkehrsmöglichkeiten Von Dresden auf der B 6 bis zum Fischbacher Kreuz und weiter über Stolpen, Sebnitz und Saupsdorf oder B 172 bis Bad Schandau und weiter durch das Kirnitzschtal. Mit der Bahn bis Bad Schandau und weiter mit dem Bus. Busverbindung über Bad Schandau und Pirna mit Dresden, über Saupsdorf mit Sebnitz und über Ottendorf mit Sebnitz.

Parkmöglichkeiten Parkplatz Buchparkhalle am Weg zur Oberen Schleuse.

Wegmarkierungen Roter Strich bis zum Wettinplatz, ohne Markierung bis Anschluß blauer Strich, grüner Strich bis zum Abzweig Dreiwinkelgrund, roter Strich bis kurz vor Lindigtblick, dann grüner Punkt.

Tourenlänge 17 Kilometer.

Wanderzeit 6 Stunden.

Höhenunterschiede 380 Höhenmeter.

Wanderkarte 1:25 000 Blatt 45 Sächsische Schweiz/Bad Schandau, Sebnitz.

Wissenswertes Diese ausgedehnte Wanderung berührt alle bedeutenden Sehenswürdigkeiten der Umgebung. Über den *Königsplatz* (siehe Tour 30) erreichen wir die *Obere Schleuse*. Nach einer eindrucksvollen *Kahnfahrt* (siehe Tour 47) erleben wir die wilde *Wolfsschlucht* und das idyllische *Kirnitzschtal*. Die Kirnitzschklamm ist Lebensraum uralter Bäume und einer großen Zahl seltener Pflanzen- und Tierarten. Das Tal steht unter Naturschutz. Auf dem *Königsjagdweg*, er wurde für den Polenkönig August den Starken für seine Jagdabenteuer angelegt, erreichen wir den *Altarstein*. Hier hielten die böhmischen Exulanten, die wegen ihres protestantischen Glaubens vom katholischen böhmischen Kaiser verfolgt wurden, um 1630 nach gelungener Flucht ihre Dankgottesdienste ab. Gegen Ende der Wanderung schauen wir vom *Lindigtblick* über die Kirnitzsch hinweg weit ins Land.

Hinterhermsdorf siehe Tour 28.

Tourenbeschreibung Vom *Parkplatz Buchenparkhalle* in den *Hohweg* (roter Strich) und am Ende der *Kleingartenanlage* rechts Richtung Königsplatz, den wir nach etwa 20 Minuten erreichen. Vom *Königsplatz* gehen wir ein Stück des Herwegs zurück, halten uns an der Gabelung rechts, wandern auf schmalem Pfad über Stufen bergab und durchqueren einen *Tunnel*. Der Weg verbreitert sich, wird wieder enger und zieht nach links.

Kuppe

Hinter-
hermsdorf

Kanapee

Dorfbach

Beize

Hackkuppe

Hohes Hölzig

Niedere
Schleuse

Lindigt-
höhle

Lindigtblick

Lindigtgründel

Lindigt-
straße

Hühner-
kropf

Raben-
steine

Raumberg

▲
458 m

Stimmersdorfer Weg

Brücken-
grund

Königsjagdweg

Tschechische

Republik

Altarstein

0   500 m

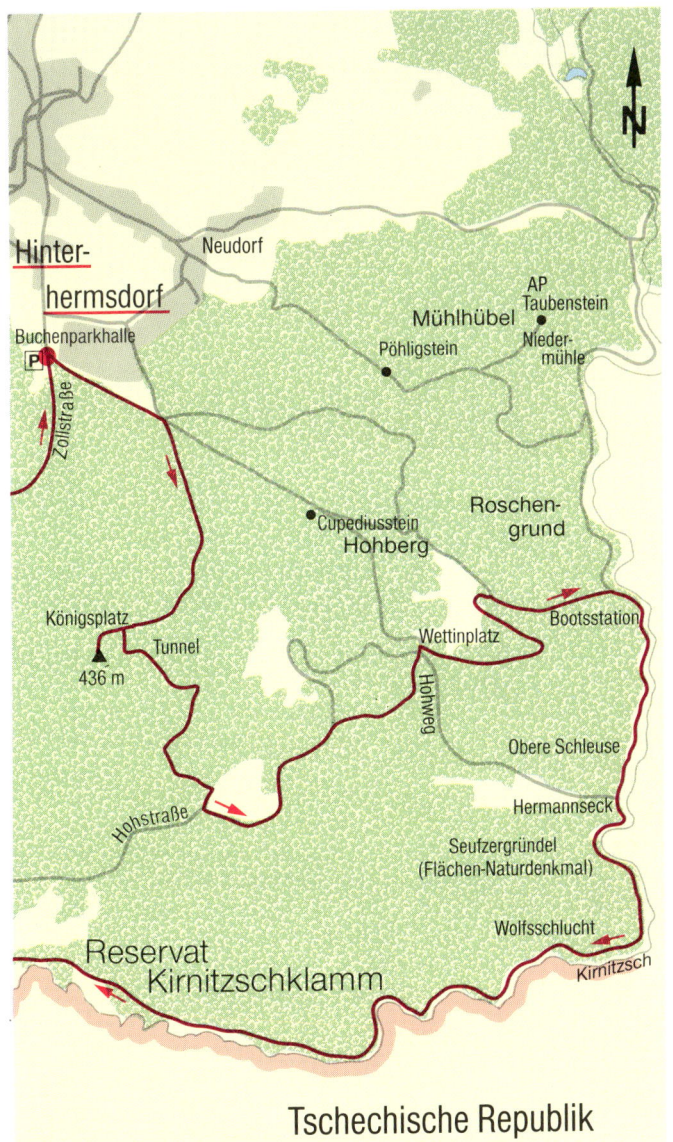

Hinter-
hermsdorf

Neudorf

Buchenparkhalle
P

Mühlhübel

AP
Taubenstein

Pöhligstein

Nieder-
mühle

Zollstraße

Roschen-
grund

Cupediusstein
Hohberg

Königsplatz

Tunnel

Wettinplatz

Bootsstation

▲ 436 m

Hohweg

Obere Schleuse

Hohstraße

Hermannseck

Seufzergründel
(Flächen-Naturdenkmal)

Wolfsschlucht

Reservat
Kirnitzschklamm

Kirnitzsch

Tschechische Republik

0   500 m

Der Altarstein   (Foto: Norbert Forsch)

Wir steigen durch die felsigen *Schweinelöcher* bergab, biegen im Tal links in die breite *Hohstraße* ein, biegen in ihrer scharfen Linkskurve rechts ab und erreichen bergauf durch Nadelwald den *Wettinplatz.*

Vom *Wettinplatz* folgen wir dem Wegweiser Richtung Obere Schleuse (unmarkiert). Unterhalb der Dachsenhöhle stoßen wir auf den mit blauem Strich markierten Weg, biegen rechts ein, halten uns an folgender Gabelung rechts und erreichen die Bootsstation der *Oberen Schleuse.* Falls wir auf die eindrucksvolle Kahnfahrt verzichten wollen, wählen wir den Pfad am Hochufer. Wir passieren die *Treppen,* die zum Hermannseck hinaufführen, wenige Meter später die *Himmelsleiter.* Wir nähern uns der *Wolfsschlucht.* Der Weg quert das Seufzergründel, schlängelt sich nach rechts vom Tal weg und wieder zur Wolfsschlucht hin, dann steil bergab über Stufen, Leitern und Brükken zu Tal. Tief gebückt schlüpfen wir durch einen *Tunnel,* lassen die Wolfsschlucht hinter uns und erreichen wieder das Ufer der *Kirnitzsch.*

Wir wandern nun im stetig lichter werdenden Tal und können eine große Zahl schillernder Fische beobachten. Bald weitet es sich und gibt saftigen Wiesenflächen Raum. Der markierte Weg schlägt einen Bogen in den Wald, führt aber wieder zur Kirnitzsch zurück. Mächtige Felswände ragen zur Rechten empor, die *Rabensteine.* Wir wandern wieder in den Wald. Der Pfad steigt zum Hochufer an, senkt sich wieder zu Tal und mündet in einen breiten Weg, dem wir in bisheriger Richtung folgen. Von rechts stößt der mit grünem Strich markierte, vom Wettinplatz kommende Weg zu uns. Nach wenigen Metern biegen wir links in eine asphaltierte Forststraße ein. Wir passieren einen freistehenden *Schuppen* beim Felsen *Hühnerkropf* und überqueren nach etwa 70 Metern die *Kirnitzsch*. Durch den *Brückengrund* stetig sanft bergan (grüner Strich). Auf der Höhe biegen wir rechts in den *Königsjagdweg* ein und halten uns nach etwa 30 Metern an der Gabelung rechts! Der Weg verengt sich zu einem Pfad, steigt an, fällt wieder ab und erreicht den *Altarstein*.

Wir wandern weiter talwärts. Die grüne Strichmarkierung zweigt links ab. Wir gehen in bisheriger Richtung weiter (roter Strich, Simmersdorfer Weg). Wir überqueren wieder die *Kirnitzsch*. Hinter der Brücke links. Nach etwa 150 Metern – hinter der Kurve – rechts. Auf grob gepflastertem Weg, der bald in einen weichen Pfad übergeht, wandern wir durch das *Lindigtgründel* bergan. Auf der Höhe biegen wir links in die breite *Lindigtstraße* ein und passieren linker Hand dicht am Weg die leicht einsehbare *Lindigthöhle*. Wenn wir auf der breiten *Lindigtstraße* bleiben, haben wir in Kürze den Parkplatz wieder erreicht. Nach einer kurzen Wegstrecke bietet sich aber noch ein Abstecher zum Lindigtblick an: Wir biegen von der *Lindigtstraße* links ab (roter Strich). Auf schmalem Pfad steil bergauf und links in den mit grünem Punkt markierten Weg. Die folgende Strecke ist etwas verzwickt und erfordert Aufmerksamkeit. Nach etwa 600 Metern erreichen wir auf verschlungenem Pfad den *Lindigtblick*.

Obere Schleuse, Kahnfahrt auf der Kirnitzsch   (Foto: Michael Klees)

Auf dem Herweg zurück bis zur Einmündung des bekannten, mit rotem Strich markierten Pfades. Hier halten wir uns geradeaus (grüner Punkt) und treffen wieder auf die *Lindigtstraße*. Sie führt uns zum *Parkplatz Buchenparkhalle* zurück.

32 Hinterhermsdorf – Großes Pohlshorn – Zeughaus – Lindigtblick – Hinterhermsdorf

Verkehrsmöglichkeiten Von Dresden auf der B 6 bis zum Fischbacher Kreuz und weiter über Stolpen, Sebnitz und Saupsdorf oder B 172 bis Bad Schandau und weiter durch das Kirnitzschtal. Mit der Bahn bis Bad Schandau und weiter mit dem Bus. Busverbindung über Bad Schandau und Pirna mit Dresden, über Saupsdorf mit Sebnitz und über Ottendorf mit Sebnitz.

Parkmöglichkeiten Großer Parkplatz am nördlichen Ortsausgang gegenüber der Gaststätte »Erbgericht«.

Wegmarkierungen Grüner Strich bis zum Zeughaus, blauer Strich bis zum Lindigtgründel, dann roter Strich. Abstecher zum Lindigtblick grüner Punkt.

Tourenlänge 14 Kilometer.

Wanderzeit 4½ Stunden.

Höhenunterschiede 400 Höhenmeter.,

Wanderkarte 1:25 000 Blatt 45 Sächsische Schweiz/Bad Schandau, Sebnitz.

Wissenswertes Eine Waldwanderung mit sehr steilen Auf- und Abstiegen führt uns zu schönen Aussichtspunkten. Die *Niedere Schleuse* wurde 1612 zum Flößen von Holz angelegt.

Zeughaus siehe Tour 25, *Hinterhermsdorf* siehe Tour 28.

Tourenbeschreibung Wir verlassen *Hinterhermsdorf* entlang der *Schandauer Straße* Richtung Bad Schandau, wandern talwärts, passieren den Aussichtspunkt *Kanzel*, biegen etwa 30 Meter hinter der *Bushaltestelle* links in den *Oberen Hirschewaldweg* ein und folgen an der Kreuzung dem halbrechts bergauf führenden Weg. Nach etwa 100 Metern fällt eine freistehende alte *Eiche* ins Auge. Hier rechts. Wir erreichen eine *Hütte*. Hier links Richtung Zeughaus. Nach wenigen Metern zeigt uns ein Wegweiser den Pfad zum Kleinen Pohlshorn. Bei weitem aussichtsreicher ist der Blick vom Großen Pohlshorn. Wir folgen dem Weg Richtung Zeughaus etwa 750 Meter. Er biegt links ab, wir aber halten uns geradeaus und erreichen das *Große Pohlshorn*.

Schmilka und Elbe

(Foto: Norbert Forsch)

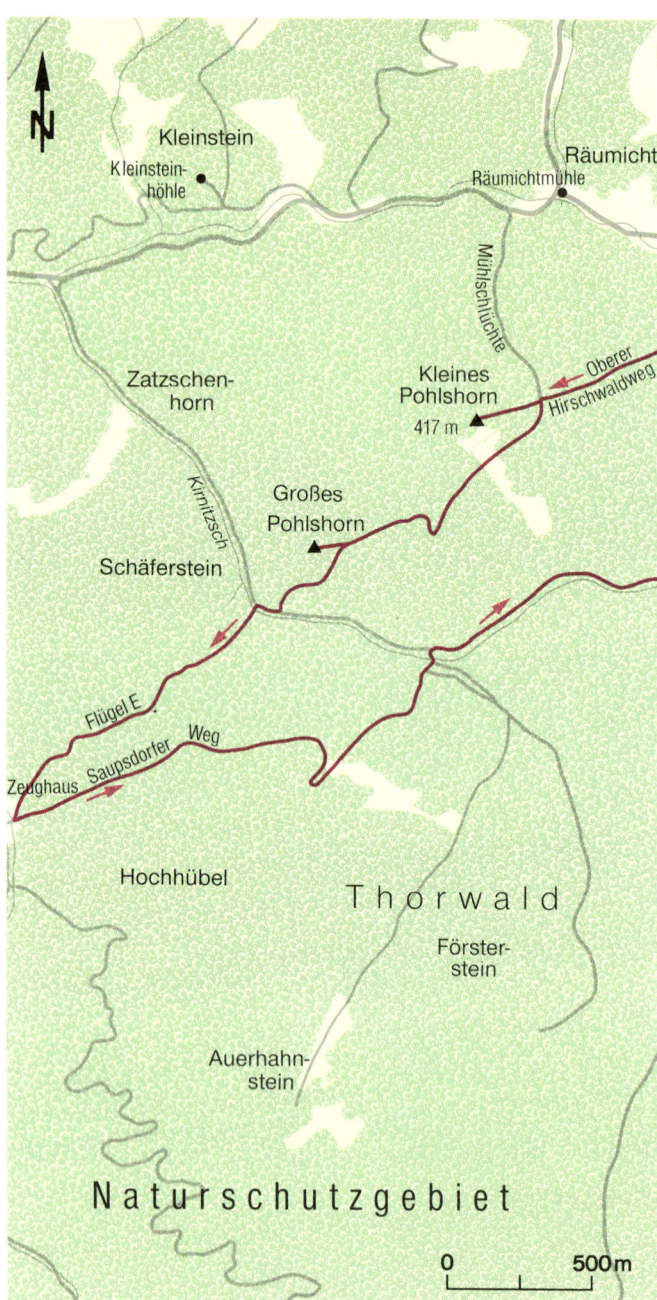

Kleinstein

Kleinstein-
höhle

Räumicht

Räumichtmühle

Mühlschlüchte

Zatzschen-
horn

Kleines
Pohlshorn

417 m

Oberer
Hirschwaldweg

Kirnitzsch

Großes
Pohlshorn

Schäferstein

Flügel E

Saupsdorfer Weg

Zeughaus

Hochhübel

Thorwald

Förster-
stein

Auerhahn-
stein

Naturschutzgebiet

0   500 m

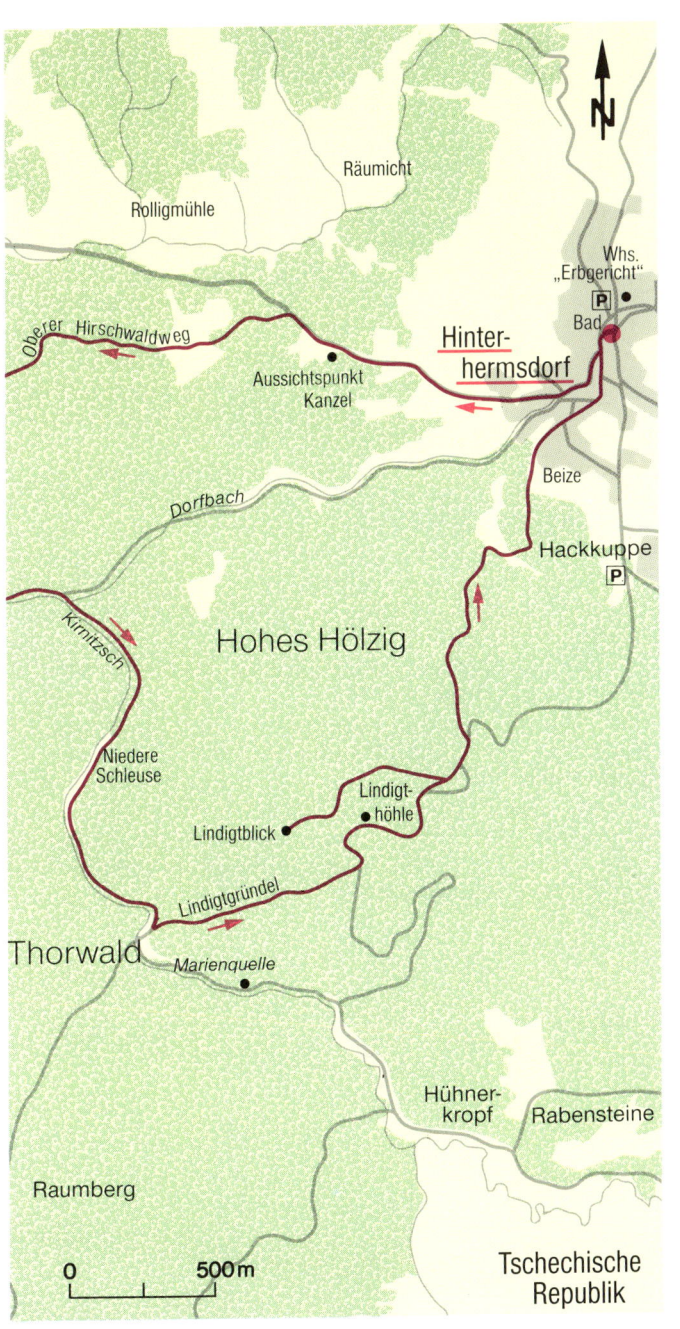

Nach dem Abstecher wandern wir auf steilem, schmalem Pfad ins Tal (grüner Strich) und überqueren die *Kirnitzsch*. Auf holprigen Pfad steigen wir wieder steil bergauf, stoßen auf der Höhe auf einen breiten Weg, folgen ihm etwa 20 Meter nach links, biegen dann rechts ab. Nun talwärts zum *Zeughaus*. Wir passieren das *Forsthaus* und biegen scharf links in den breiten, anfangs asphaltierten *Saupsdorfer Weg* ein (blauer Strich). Nach etwa zwei Kilometern sehen wir tief unter uns wieder die Kirnitzsch, verlassen den breiten Weg und biegen links in einen schmalen Pfad ein. Steil bergab, über die *Thorwaldbrücke*, nach rechts und am Ufer der *Kirnitzsch* entlang. Wir passieren die *Niedere Schleuse* und biegen nach etwa 500 Metern scharf links ab (roter Strich). Auf grob gepflastertem Weg, der bald in weichen Pfad übergeht, wandern wir durch das *Lindigtgründel* bergan. Auf der Höhe biegen wir links in die breite *Lindigtstraße* ein und passieren linker Hand dicht am Weg die leicht einsehbare *Lindigthöhle*. Wenn wir auf der breiten *Lindigtstraße* bleiben, haben wir in Kürze wieder Hinterhermsdorf erreicht. Nach einer kurzen Wegstrecke bietet sich aber noch ein Abstecher zum Lindigtblick an: Wir biegen von der *Lindigtstraße* links ab (roter Strich). Auf schmalem Pfad steil bergauf und links in den mit grünem Punkt markierten Weg. Die folgende Strecke ist etwas verzwickt und erfordert Aufmerksamkeit. Nach etwa 600 Metern erreichen wir auf verschlungenem Pfad den *Lindigtblick*.

Wir wandern auf dem Herweg zurück bis zur Einmündung des bekannten, mit rotem Strich markierten Pfades. Hier halten wir uns geradeaus (grüner Punkt) und treffen wieder auf die *Lindigtstraße*. Wir folgen ihr etwa 200 Meter nach links, biegen dann links in den *Aschehübelweg* ein (roter Strich). Kurz vor einem einsam gelegenen Wohnhaus biegen wir rechts ab und wandern über Wiesen und durch ein Waldstück nach *Hinterhermsdorf* zurück.

33 Schmilka – Kipphornaussicht – Großer Winterberg – Schmilka

Verkehrsmöglichkeiten B 172 über Bad Schandau. Mit der Bahn auf der Strecke Dresden – Schöna bis Haltepunkt Schmilka-Hirschmühle und weiter mit der Fähre nach Schmilka. Busverbindung mit Bad Schandau.

Parkmöglichkeiten Großer Parkplatz kurz vor dem Grenzübergang.

Wegmarkierungen Gelber Strich bis zur Winterbergstraße, roter Punkt bis zum Großen Winterberg, dann grüner Strich.

Tourenlänge 7 Kilometer.

Wanderzeit 2½ Stunden

Höhenunterschiede 410 Höhenmeter.

Wanderkarte 1:25 000 Blatt 45 Sächsische Schweiz/Bad Schandau, Sebnitz.

Wissenswertes Ein steiler Aufstieg durch dichten Wald belohnt uns mit einer herrlichen Aussicht.

Der Grenzort *Schmilka* ist seit 1973 Ortsteil von Bad Schandau. Der einzige im Ort von der Bundesstraße abzweigende Weg führt zur kräftigen *Ilmenquelle,* mit einer Schüttung von 6 Litern/Sekunde die stärkste Quelle der Sächsischen Schweiz.

Die *Kipphornaussicht* schenkt einen Einblick ins Böhmische und über die Elbe hinweg auf die Ebenheit mit Zirkelstein und Kaiserkrone. Der Blick schweift ungehindert über den Lilienstein und die Schrammsteine bis zu den Basteiwänden. Der Name Kipphorn kommt vom Holz, das früher hier über die Felsen gekippt und zur Elbe geschafft wurde.

Der *Große Winterberg* (552 m) ist der höchste rechtselbische Berg. Dichte Bewaldung versperrt die Aussicht. Er besteht im Gegensatz zur Kipphornaussicht nicht aus Sandstein, sondern aus vulkanischem Basalt. Der Verwitterungslehm des Basalts hat die Entwicklung eines Buchenwaldes mit artenreichem Kräuterbestand erlaubt. Der Große Winterberg war eine beliebte Station der frühen Schweizreisenden auf ihrem Weg zum Prebischtor. Bereits 1819 befanden sich auf dem Gipfel einfache Unterkünfte.

Variante Der Abstieg über den *Wurzelweg* ist bequemer als der steile *Bergsteig.* Ab dem *Großen Winterberg* folgen wir der roten Punktmarkierung in nördlicher Richtung, treffen auf die vom Roßsteig kommende grüne Punktmarkierung und folgen ihr am *Wurzelborn* vorbei über den *Wurzelweg* bis zur *Zwieselhütte.* Der *Wurzelweg* führt nun mit gelbem Strich markiert nach *Schmilka* zurück.

Tourenbeschreibung Vom *Parkplatz* spazieren wir Richtung
Grenzübergang und schlagen den einzigen von der B 172 abzweigenden Weg ein. Wir passieren die *Kurverwaltung,* erreichen den Waldrand und biegen rechts ab (gelber Strich). An folgender Gabelung links. Steil bergauf auf grobem Pflaster und
über Stufen zu einem breiten Weg. Hier rechts. Auf dem *Grenz-
weg* wandern wir stetig bergauf, münden in einen Weg, dem wir
in bisheriger Richtung folgen und biegen an der folgenden Kreuzung rechts in die breite, asphaltierte *Winterbergstraße* ein (gelber Strich, roter Punkt). Durch schönen Laubwald in weiten Bö-
gen, die wiederholt die Grenze berühren, bergauf. Wir passieren den *Abzweig Müllerwiesenweg* (hier verläßt uns der gelbe
Strich) und schlagen nach etwa 200 Metern den Pfad zur *Kipphornaussicht* ein. Nach der wohlverdienten Rast folgen wir weiter der *Winterbergstraße,* halten uns an der folgenden Gabelung
rechts und erreichen den *Großen Winterberg.*

Vom *Großen Winterberg* gehen wir ein Stück des Herweges
zurück, biegen dann rechts ab (grüner Strich, Wegweiser:
Schmilka über Bergsteig). Geradewegs führt uns der sehr steile
Bergsteig über Stufen, Holztreppen und Steinbrocken nach
Schmilka zurück.

34 Hrensko/Herrnskretschen – Pravcicka brana/Prebischtor – Mezni Louka/Rainwiese – Mezna/ Stimmersdorf – Ticha souteska/Edmundsklamm – Hrensko/Herrnskretschen

Verkehrsmöglichkeiten B 172 über Bad Schandau nach Schmilka und über die deutsch-tschechische Grenze nach Hrensko. In Hrensko biegen wir links ab und folgen dem Kamnitztal (Kamenice) bis zum Ortsausgang. Mit der Bahn auf der Strecke Dresden – Schöna bis Haltepunkt Schmilka-Hirschmühle und weiter mit der Fähre nach Schmilka. Busverbindung zwischen Bad Schandau und Schmilka sowie zwischen Hrensko und Mezni Louka.

Parkmöglichkeiten Oberhalb der Gaststätte am Ortsausgang von Hrensko befindet sich die letzte Parkmöglichkeit.

Wegmarkierungen Roter Strich bis Mezni Louka, grüner Strich bis ins Kamnitztal, grüner Diagonalstrich des Naturlehrpfades auf der ganzen Strecke.

Tourenlänge 13 Kilometer ab Ortsausgang Hrensko, 19 Kilometer ab Schmilka.

Wanderzeit 5 Stunden ab Hrensko.

Höhenunterschiede 320 Höhenmeter.

Wanderkarte 1:50000 Sächsisch-Böhmische Schweiz, Tourist Verlag.

Auf dem Gabrielensteig   (Foto: Norbert Forsch)

Auf dem Kreuzstein beim Prebischtor (Foto: Norbert Forsch)

Anmerkung Bei dieser Tour darf der Personalausweis nicht vergessen werden. An der Grenze ist mit längerer Wartezeit zu rechnen. Der Parkplatz am Ortsende von Hrensko ist oft belegt. Es ist eine Überlegung wert, die Wanderung bereits in Schmilka zu beginnen. In Mezna achten wir beim Abstieg ins Kamnitztal auf die Hinweistafel mit den Fahrzeiten der Boote. Es gibt keine Möglichkeit, die enge Schlucht zu durchwandern.

Wissenswertes Für die frühen Schweizwanderer, die das Elbsandsteingebirge auf der Malerstraße durchquerten, bildete das Prebischtor den krönenden Abschluß ihrer Reise. Während sie meist über den Großen Winterberg kamen, schreibt uns die Grenze den Weg über *Hrensko* vor. Der kleine Ort war lange Zeit eine beliebte Sommerfrische.

Das *Prebischtor* ist mit einer Spannweite von fast 30 Metern und einer Höhe von 16 Metern die größte natürliche Sandsteinbrücke Europas. Bereits 1881 wurde das Berghotel gebaut und das Prebischtor touristisch erschlossen. Auf den beliebten Spaziergang auf dem Torbogen müssen wir verzichten. Er ist aus Sicherheitsgründen gesperrt.

Auf dem 1885 angelegten *Julius-Fucik-Steig* (Gabrielensteig), einem herrlichen Promenadenweg, wandern wir hoch über dem Tal und dennoch sehr bequem durch eine fesselnde Felslandschaft einem weiteren Höhepunkt entgegen.

In der *Edmundsklamm* sowie in der flußaufwärts gelegenen *Wilden Klamm* (Divoka souteska) wurden durch künstliches Anstauen Wasserflächen zum Flößen von Baumstämmen geschaf-

154

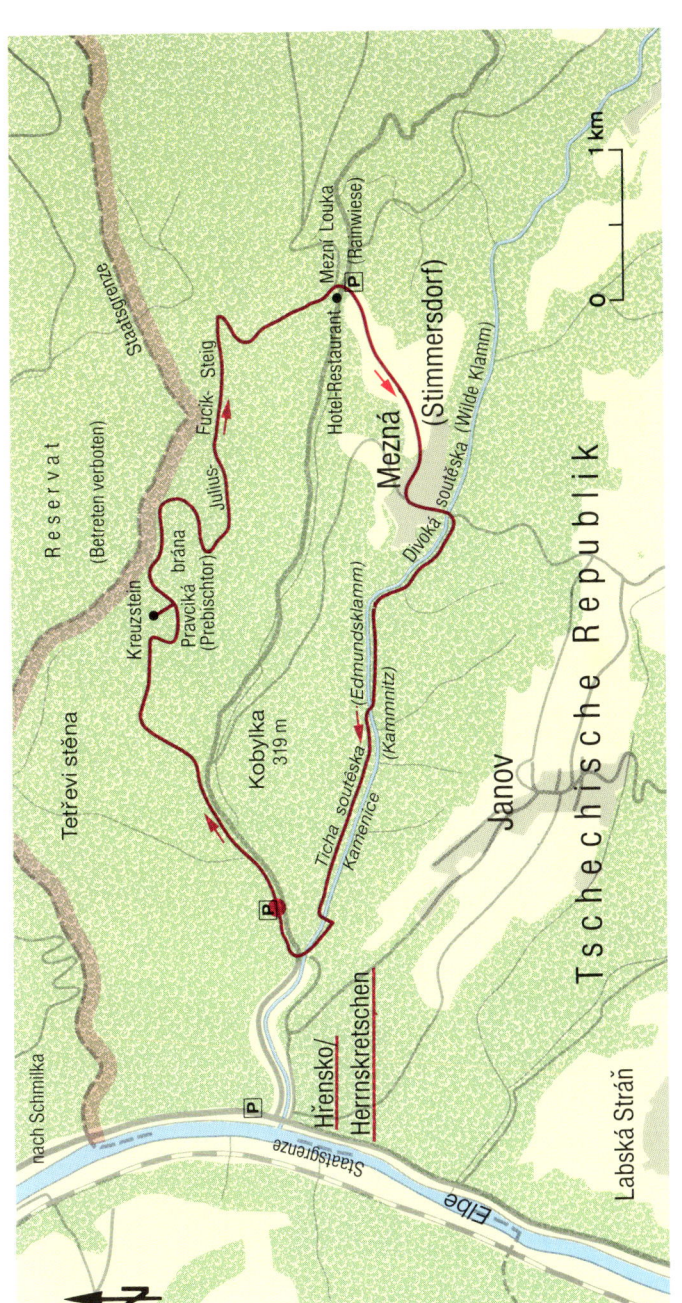

fen. Die touristische Erschließung und der Beginn der Bootsfahrten begann bereits Ende des vergangenen Jahrhunderts.
Glitzernde Fische im klaren Wasser, ein großer Reichtum an
Vögeln, mächtig aufragende Felsen und eine üppige Vegetation
schenken bleibende Eindrücke von bezaubernder Schönheit.

Variante Nachdem wir uns nach den Bootsfahrzeiten erkun-
digt haben, folgen wir vom *Hotel Rainwiese* dem ausgeschilderten und blau markierten Weg zur *Wilden Klamm*. Nach der
Kahnfahrt wandern wir am Kamnitzufer entlang zur *Oberen
Bootsstation* der *Edmundsklamm*.

Tourenbeschreibung Vom *Parkplatz* wandern wir der Verkehrsstraße folgend etwa anderthalb Kilometer bergauf und biegen dann links ab (Wegweiser, roter Strich). Nach stetigem Aufstieg erreichen wir im Wald eine Kreuzung bei einem riesigen
Felsklotz. Hier scharf rechts. Jenseits des tiefen Talgrundes ragen die Felswände steil empor. Der sandige Weg zieht in etlichen Windungen bergan und erreicht unterhalb des Berghotels
eine Kreuzung mit *Orientierungstafel*. Beim Aufstieg erhaschen
wir erste Ausblicke auf das Felsentor, durchschreiten das *Kas-
senhäuschen,* dann den *Tunnel* und steigen zum *Kreuzstein* empor. Wir genießen eine prachtvolle Sicht auf das Prebischtor und
weit über die böhmischen Wälder. Am westlichen Ende der
Aussicht sehen wir den kleinen Prebischkegel.

Auf dem Herweg spazieren wir zur *Orientierungstafel* zurück.
Die rote Strichmarkierung weist uns den Weg auf den 1885 an-

Prebischtor   (Foto: Norbert Forsch)

gelegten *Julius-Fucik-Steig* (Gabrielensteig). Er führt uns zum Hotel-Restaurant *Mezni Louka* (Rainwiese). Ab *Mezni Louka* wandern wir entlang der wenig befahrenen Ahornallee nach *Mezna* (Stimmersdorf). Im Ort biegen wir links ab. Sehr steil wandern wir ins Tal hinab, überschreiten die *Kamnitz*, folgen ihrem Lauf, durchqueren finstere *Tunnel* und erreichen die *Bootsstation* der *Ticha souteska* (Edmundsklamm). Phantasieanregende Felsformationen, darunter die charakteristische Klammfamilie, spiegeln sich im klaren Wasser. Das Boot gleitet fast einen Kilometer sanft dahin. Ein kleiner künstlicher Wasserfall ist scheinbar das einzige menschliche Werk. An der *unteren Bootsstation* angekommen setzen wir unseren Weg am rechten Ufer der nun wild rauschenden *Kamnitz* fort, wechseln gegen Ende des Weges zum linken Ufer und erreichen die *Verkehrsstraße* wenig unterhalb vom Parkplatz.

35   Stadt Wehlen – Thürmsdorf – Festung Königstein – Königstein

Verkehrsmöglichkeiten   Stadt Wehlen liegt etwa 35 Kilometer von Dresden entfernt am rechten Elbufer. B 172 bis Pirna und weiter über Dorf Wehlen oder ab Pirna über Struppen zum linkselbischen Ortsteil Pötzscha und übersetzen mit der Fähre. Bahnstation auf der Strecke Dresden – Schöna. Busverbindung mit Pirna. Rückfahrmöglichkeit mit der Bahn. Schiffsverbindung.

Parkmöglichkeiten   An beiden Seiten der Elbe beim Fähranleger.

Wegmarkierungen   Roter Strich bis Naundorf, roter Punkt bis zur Festung Königstein, blauer Strich bis Königstein.

Tourenlänge   7 Kilometer.

Wanderzeit   2½ Stunden ohne Besichtigung der Festung.

Höhenunterschiede   280 Höhenmeter.

Wanderkarte   1:25 000 Blatt 43 Sächsische Schweiz/Pirna.

Wissenswertes   *Stadt Wehlen* siehe Tour 4, *Götzingerhöhle* siehe Tour 3, *Festung Königstein* siehe Tour 43, *Königstein* siehe Tour 10.

Tourenbeschreibung   Wir beginnen diese Wanderung im linkselbischen Ortsteil *Pötzscha*. Vom *Bahnhof* ausgehend spazieren wir Richtung Naundorf (roter Strich), queren die Gleise am beschrankten *Bahnübergang*, folgen der *Thälmannstraße* etwa 30 Meter, biegen dann rechts ab. An der Pension *Berghof* vorbei

auf Stufen bergauf. Wir kreuzen die Straße Naundorf – Pötzscha (nach links führt sie zum Robert-Sterl-Haus), spazieren geradewegs am letzten Wohnhaus vorüber und biegen dann rechts in einen Pfad ein, der uns in den *Damengrund* führt.

Durch Wiesengelände in eine Senke, dann in den Wald und stetig bergauf. Wir kreuzen einen Pfad und erreichen nach einem kurzen steilen Wegstück wieder Wiesengelände. Ein schmaler Pfad führt uns zu einem Fahrweg am südöstlichen Ortsrand von *Naundorf*. Ihm folgen wir nach links (roter Punkt) durch die Flur, erreichen an der Waldecke einen Wegweiser und biegen links ab Richtung Kleiner Bärenstein.

Durch den Wald zu einer Gabelung. Der linke, unmarkierte Weg führt zum Kleinen Bärenstein. Wir wählen den rechten Weg, biegen nach wenigen Metern links, nach einem weiteren kurzen Wegstück rechts ab und wandern am Fuß mächtiger Felsen entlang zur nahen *Götzingerhöhle*. Der markierte Pfad führt mitten durch die Einsturzhöhle hindurch und hinab zur Verkehrsstraße. Ihr folgen wir nach rechts. Etwa 30 Meter hinter der langgezogenen Rechtskurve biegen wir links ab und erreichen den nordwestlichen Ortsrand von *Thürmsdorf*. Zur Linken sehen wir schon unser nächstes Ziel, die Festung Königstein.

Wir verlassen den langgezogenen Ort entlang der Durchfahrtsstraße, queren im Wald die nach Struppen führende Verbindungsstraße, wandern geradewegs über eine Pfadkreuzung hinweg und bergauf. Wir unterqueren die *B 172* und erreichen den großen *Parkplatz* am Fuß der Festung. Hier links. Wir folgen der für den öffentlichen Verkehr gesperrten Zufahrtsstraße etwa 400 Meter, biegen dann links in einen Fußgängerweg ein und erreichen die *Festung Königstein*.

Zwei Eingänge stehen zur Wahl, ein bequemer Aufzug oder ein kurzer, steiler Fußweg. Oben angelangt spazieren wir 240 Meter über der Elbe an der Festungsmauer entlang und genießen einen großartigen Blick in die Ebenheit.

Nach der Besichtigung spazieren wir am Fuß der Festungsmauer in Richtung auf den nahen, kleinen Parkplatz, biegen rechts in einen Pfad ein (blauer Strich), wandern auf dem *Latzweg* an der *Palmschenke* vorbei steil bergab und erreichen *Königstein* bei der *Stadtbibliothek* nahe der Marienkirche. Hier links, nach etwa 10 Metern rechts und durch die *Kirchgasse* und *Hainstraße* zum *Busbahnhof* am Eisenbahnviadukt nahe der B 172.

36 Königstein – Quirl – Pfaffenstein – Gohrisch – Papststein – Kleinhennersdorfer Stein – Bad Schandau

Verkehrsmöglichkeiten Königstein liegt am linken Elbufer an der B 172. Bahnstation auf der Strecke Dresden – Schöna. Busverbindung auf den Strecken Dresden – Hinterhermsdorf, Pirna – Cunnersdorf, Bad Schandau – Cunnersdorf, über Leupoldishain mit Pirna, über Rosenthal mit der Schweizermühle und zwischen Königstein und der Festung. Rückfahrmöglichkeit mit der Bahn. Schiffsverbindung.

Parkmöglichkeiten Im Ort an der B 172 beim Bahnviadukt. Hier befindet sich auch der Busbahnhof und die Touristeninformation.

Wegmarkierungen Roter Punkt bis hinter den Papststein, dann unmarkiert bis Anschluß roter Strich.

Tourenlänge 14 Kilometer.

Wanderzeit 4½ Stunden.

Höhenunterschiede 420 Höhenmeter ohne Ersteigung des Pfaffensteins.

Wanderkarte 1:25000 Blatt 44 Kurort Berggießhübel, Kurort Bad Gottleuba, Bielatal und Blatt 45 Sächsische Schweiz/Bad Schandau, Sebnitz.

Wissenswertes Diese Tour führt uns zu interessanten Höhlen und zu vier sehr unterschiedlichen Steinen. Pfaffenstein, Goh-

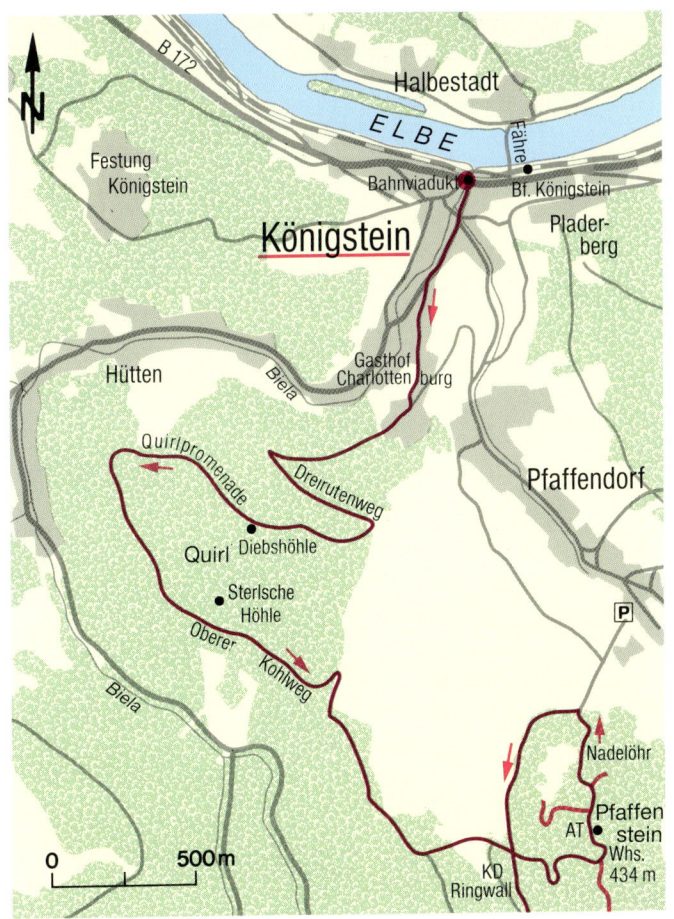

risch und Kleinhennersdorfer Stein können wir umgehen, den
Papststein überqueren wir. Diese Wanderung kann somit be-
quem gestaltet werden, der Entdeckerfreude sind jedoch keine
Grenzen gesetzt.

    Königstein siehe Tour 10, *Pfaffenstein* siehe Tour 44, *Goh-
risch, Papststein* und *Kleinhennersdorfer Stein* siehe Tour 12.

Tourenbeschreibung   Vom *Bahnviadukt* ausgehend folgen wir
der *Bielatalstraße* in den Ort (roter Punkt), spazieren rechts an
der *Postmeilensäule* vorbei und biegen links in die nach Pfaffendorf führende Straße ein. Steil führt sie uns zum *Gasthof Char-
lottenhof* hinauf. Hier biegen wir rechts von der Verkehrsstraße

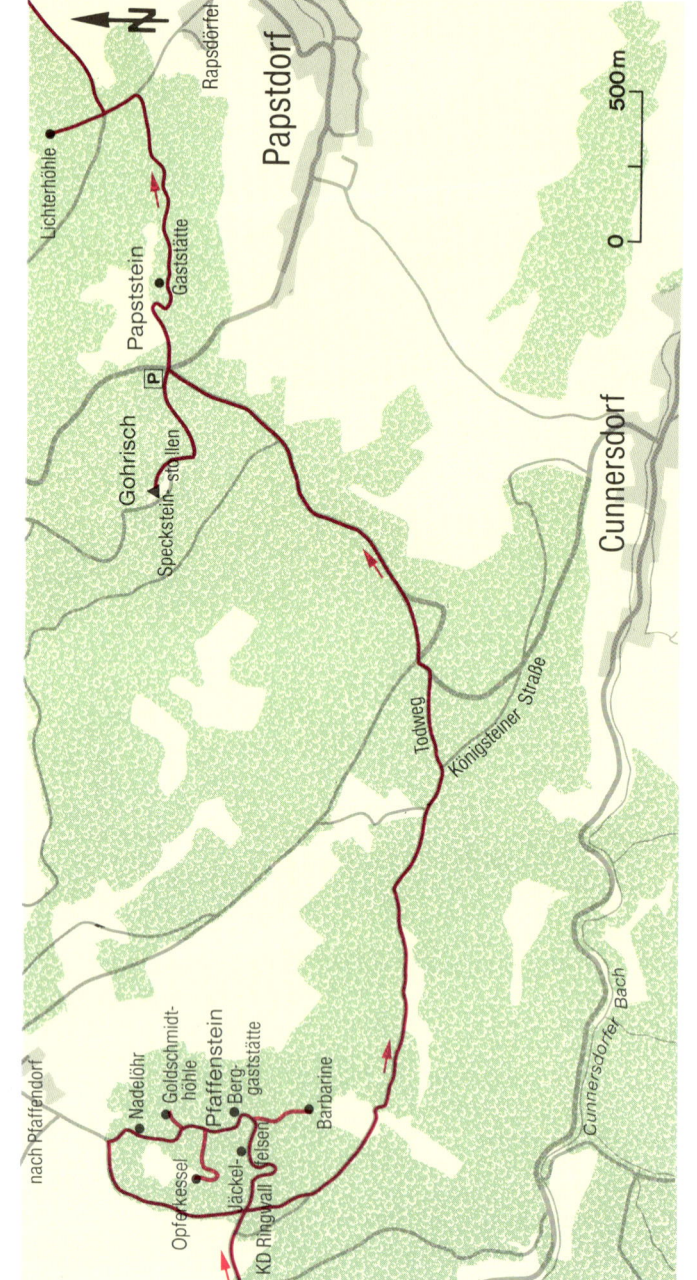

Papstdorf

Rapsdörfel

Papstdorf

Cunnersdorf

Lichterhöhle

Gaststätte

Papststein

Gohrisch

P

Speckstein-stollen

500m

0

Todweg

Königsteiner Straße

Cunnersdorfer Bach

nach Pfaffendorf

Nadelöhr

Goldschmidt-höhle

Opferkessel

Pfaffenstein

Berg-gaststätte

Jäckel-felsen

KD Ringwall

Barbarine

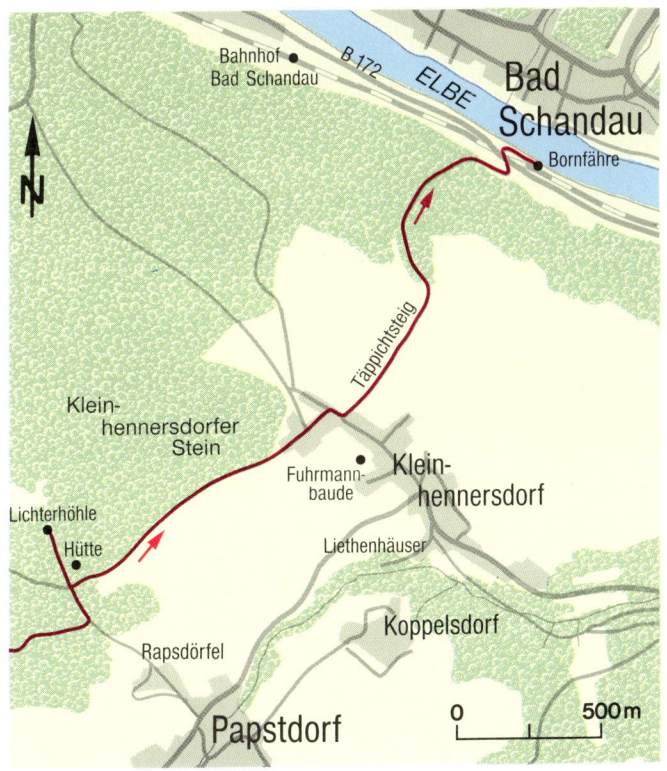

ab, wandern auf breitem Weg etwa einen halben Kilometer in
den Wald, schlagen dann den links steil bergaufführenden *Dreirutenweg* ein. Auf der Höhe biegen wir rechts ab.

Unser Wanderweg wird nun bequemer und schlängelt sich als
Pfad sanfter bergauf. Bald erreichen wir zu Linken dicht am
Wegrand die große *Diebshöhle* mit dem Steinernen Tisch. Wir
befinden uns nun auf der *Quirlpromenade*. Sie führt talwärts,
wieder leicht bergauf, verengt sich zu einem buchengesäumten
Pfad und läuft dann durch hochstämmigen Wald den Südwesthang des Quirls entlang. Nach einem längeren Wegstück verbreitert sich der Pfad wieder zum Weg. Wir passieren die nach
links hinauf zum Aussichtspunkt (349 m) führende Abzweigung,
treten alsbald aus dem Wald und haben den *Quirl* somit fast zur
Gänze umrundet.

Am Waldrand biegen wir scharf rechts ab und treffen nach
wenigen Metern auf einen breiten Querweg. Ihm folgen wir

Kirnitzschtalbahn

(Foto: Michael Klees)

etwa 100 Meter nach links, biegen dann links ab und erreichen
auf etwas schmalerem Weg eine Kreuzung mit Wegweiser. Wir
biegen links ab (roter Punkt), steigen steil bergauf, überqueren
eine Wiese und erreichen die Wegkreuzung im Wald am Fuß des
Pfaffensteins. – Nun können wir den *Pfaffenstein* ersteigen (grüner Punkt), durch das *Nadelöhr* seinen nördlichen Fuß erreichen
und dem Waldrand folgend wieder zur Kreuzung zurückwan-
dern (siehe Tour 44).

Ansonsten biegen wir rechts ab (roter Punkt), biegen nach
etwa 1,5 Kilometern wieder rechts ab, treffen nach weiteren 200
Metern auf einen breiten Forstweg, dem wir in bisheriger Richtung folgen, erreichen gleich darauf eine Wegekreuzung und
biegen links in den *Todweg* ein. Steil bergauf. Wir queren die
von Königstein nach Papstdorf führende Verkehrsstraße, wandern ihre Kurve abschneidend durch den Wald und folgen ihr
dann bis zum *Parkplatz* an der Weggabelung Kurort Gohrisch –
Papstdorf – Cunnersdorf.

Hier können wir links abbiegen und den *Gohrisch* ersteigen.
Ansonsten queren wir die Straße Kurort Gohrisch – Papstdorf
und steigen über Treppen zum *Papststein* hinauf (roter Punkt).
Auf der Höhe erreichen wir die Gaststätte und den Aussichtsturm. Eine Erkundung der Umgebung führt zu weiteren lohnenden Aussichtspunkten.

Der Abstieg führt talwärts Richtung Papstdorf. Bald zieht der
breite Weg nach links. Wir biegen rechts in einen schmalen Pfad

ein (roter Punkt). Auf vielen Stufen durchwandern wir eine Kluft, halten uns dann links und erreichen auf breiter werdendem Weg einen Querweg im Tal. Hier links (Schild: Kleinhennersdorfer Stein, unmarkiert). An der gleich folgenden Gabelung rechts.

Nach wenigen Metern erreichen wir einen kleinen *Rastplatz,* kreuzen einen Weg, steigen auf steinigem Pfad steil bergauf, halten uns an der Wegteilung links und erreichen die Höhlenwelt des *Kleinhennersdorfer Steins.*

Auf dem Herweg gehen wir wieder zum kleinen *Rastplatz* zurück, biegen links ab und wandern bald nahe am Waldrand zum nördlichen Ortsrand von *Kleinhennersdorf.* Hier treffen wir auf den *Schulweg* (roter Strich), folgen ihn zur nahen *Hauptstraße,* folgen ihr etwa 40 Meter nach rechts, biegen dann links in die *Bauerngasse* ein. An der folgenden Wegdreiteilung biegen wir links in den *Täppichtsteig* ein, überqueren die nach Krippen führende Verkehrsstraße, unterqueren die *Bahnlinie* und erreichen die *Bornfähre.* Wir können nun nach Bad Schandau übersetzen oder dem Uferweg nach links zum *Bahnhof* folgen.

37 Bad Schandau – Altendorf – Sebnitztalweg – Sebnitz

Verkehrsmöglichkeiten B 172 über Pirna. Bahnstation auf der Strecke Dresden – Schöna. Endstation der Sebnitztalbahn und der Kirnitzschtalbahn. Busverbindung auf der Strecke Dresden – Hinterhermsdorf, mit Cunnersdorf, Reinhardtsdorf-Schöna, Kleingießhübel, Waltersdorf, Sebnitz und Schmilka, mit der Bastei und Ostrau. Schiffsverbindung. Rückfahrmöglichkeit mit dem Bus oder der Sebnitztalbahn.
Parkmöglichkeiten Am Elbkai am rechten Elbufer. Hier befindet sich auch der Busbahnhof.
Wegmarkierungen Grüner Diagonalstrich im Kirnitzschtal, roter Strich durch die Dorfbachklamm bis ins Sebnitztal, dann roter Punkt.
Tourenlänge 15 Kilometer.
Wanderzeit 4½ Stunden.
Höhenunterschiede 350 Höhenmeter.
Wanderkarte 1:25000 Blatt 45 Sächsische Schweiz/Bad Schandau, Sebnitz.
Wissenswertes Um die Jahrhundertwende wollte *Bad Schandau* durch den Bau von attraktiven und bequemen Verkehrsver-

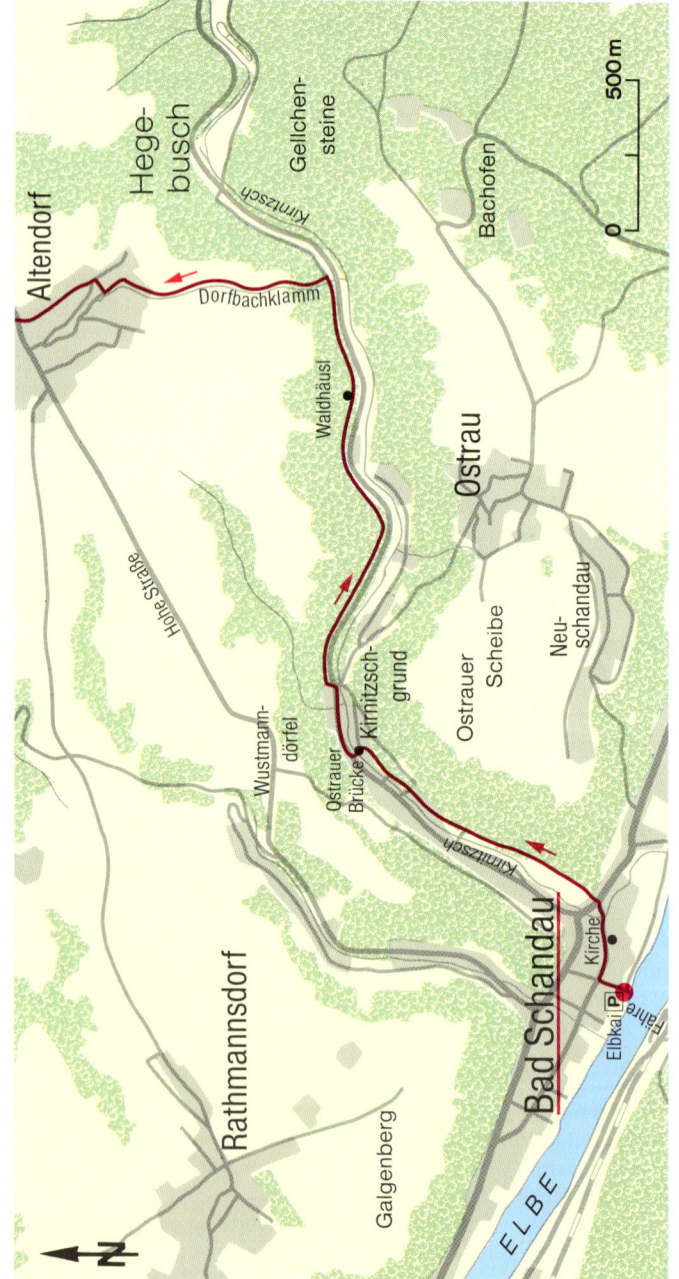

500 m

0

Altendorf

Hege-busch

Gelichen-steine

Kirnitzsch

Bachofen

Dorfbachklamm

Waldhäus'l

Ostrau

Hohe Straße

Kirnitzsch-grund

Ostrauer Scheibe

Neu-schandau

Wustmann-dörfel

Ostrauer Brücke

Kirnitzsch

Bad Schandau

Kirche

Rathmannsdorf

Galgenberg

Elbkai P

Fähre

ELBE

N

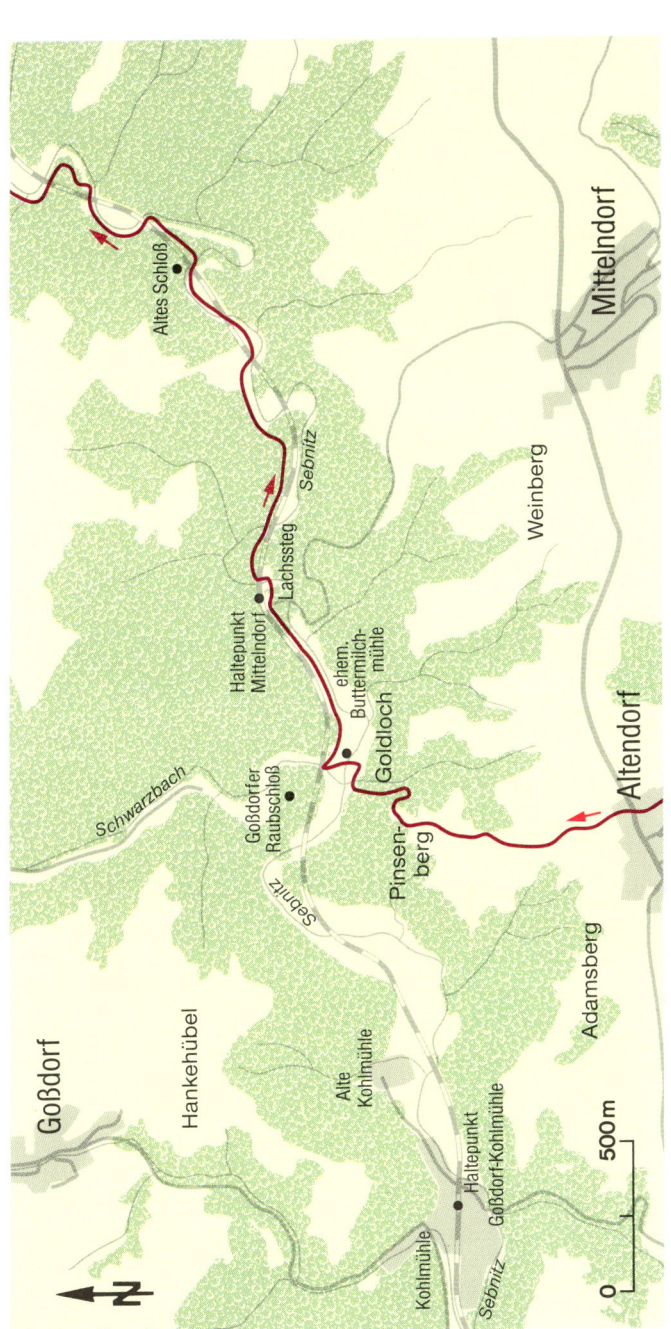

Mitteldorf

Altes Schloß

Sebnitz

Lachssteg

Haltepunkt Mitteldorf

Weinberg

ehem. Buttermilchmühle

Goldloch

Altendorf

Goßdorfer Raubschloß

Pinsenberg

Schwarzbach

Adamsberg

Sebnitz

Goßdorf

Hankehübel

Alte Kohlmühle

500 m

Haltepunkt Goßdorf-Kohlmühle

Kohlmühle

Sebnitz

0

N

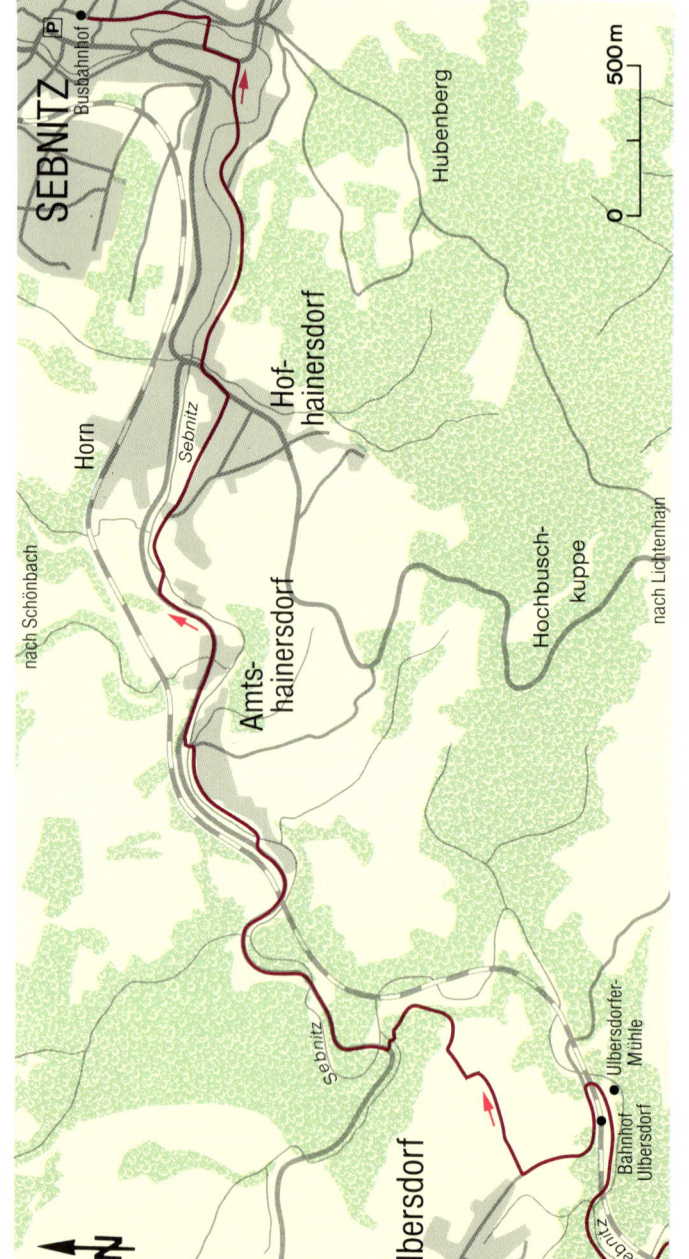

bindungen ihren Ruf als moderne Kurstadt festigen. Der *Personenaufzug* von Postelwitz nach Ostrau, die elektrische *Straßenbahn* durchs Kirnitzschtal und die *Sebnitztalbahn* sind bis heute begehrte Verbindungen und machen das Auto für den Wanderer entbehrlich. Die 1896 erbaute *Schwarzbachtalbahn* wurde 1951 leider stillgelegt und abgebaut.

Alle Strecken waren technische Meisterleistungen ihrer Zeit. Für die 1877 erbaute *Sebnitztalbahn* mußten sieben Tunnel und 31 Brücken gebaut werden. Wegen ihrer verwegenen Streckenführung wird sie gern »Sächsische Semmeringbahn« genannt.

Diese reizvolle Wanderung führt uns entlang der »Lausitzer Störung«, der Grenze zwischen Sandstein und Granit. Manche Streckenabschnitte sind schmal, verwachsen und an Abhängen mit alten Ketten gesichert.

Bad Schandau siehe Tour 20, *Sebnitz* siehe Tour 38.

Tourenbeschreibung   Vom *Parkplatz* am *Elbkai* spazieren wir zum *Marktplatz*, passieren die *Kirche*, folgen der *Bergmannstraße*, überschreiten die *Kirnitzsch*, biegen beim Hotel Lindenhof in die *Badallee* ein, folgen dem linken Ufer der Kirnitzsch auf der alten *Kurpromenade*, passieren die Endstation der *Kirnitzschtalbahn*, das *Heimatmuseum* mit dem *Botanischen Garten* und das *Kurhaus*.

Nach etwa 1,5 Kilometern spazieren wir über die *Ostrauer Brücke*, queren die *Kirnitzschtalstraße* und setzen unseren Weg auf der *Hartungpromenade* fort. Wir passieren das Gasthaus *Waldhäusel* und biegen nach etwa 400 Metern links ab (roter Strich). Über die steile *Dorfbachklamm* erreichen wir *Altendorf*.

Im Ort treffen wir auf die *Hohe Straße*, folgen ihr etwa 100 Meter nach rechts, biegen dann links in den *Mühlweg* ein, steigen ins *Sebnitztal* hinab und treffen an der ehemaligen *Buttermilchmühle* auf den *Sebnitztalweg* (roter Punkt). Hier rechts. Wir folgen dem Lauf der Sebnitz Richtung Quelle. Während die Bahn mit Hilfe ihrer sieben Tunnel den Weg geradlinig verfolgt, wandern wir auf windungsreichem, schmalem und verwachsenem Pfad und müssen die *Sebnitz* mehrmals überschreiten.

Am *Bahnhof* von *Ulbersdorf* zieht der Weg nach links zum Ortsanfang, biegt rechts ab und erreicht die Verkehrsstraße Hohnstein – Sebnitz. Ihr folgen wir nach rechts, durchqueren *Amtshainersdorf* und erreichen *Sebnitz* am *Busbahnhof*. Bereits hier können wir die Rückfahrt antreten. Weitaus reizvoller ist jedoch eine Fahrt mit der Sebnitztalbahn.

38 Sebnitz – Buchberg – Wachberg – Weifberg – Hinterhermsdorf (Dr.-Alfred-Meiche-Weg)

Verkehrsmöglichkeiten Ab Dresden auf der B 6 bis zum Fischbacher Kreuz und weiter über Stolpen und Neustadt. Mit der Bahn auf der Strecke Dresden – Schöna bis Bad Schandau und weiter mit der Sebnitztalbahn. Busverbindung über Stolpen mit Dresden, mit Bad Schandau, Neustadt mit Hinterhermsdorf.

Parkmöglichkeiten Auf dem Marktplatz in Sebnitz. Falls die Wanderung in Gegenrichtung unternommen wird: Parkplatz am nördlichen Ortsausgang von Hinterhermsdorf gegenüber der Gaststätte »Erbgericht«.

Wegmarkierungen Blauer Strich.

Tourenlänge 10 Kilometer.

Wanderzeit 3 Stunden.

Höhenunterschiede 400 Höhenmeter.

Wanderkarte 1:25 000 Blatt 45 Sächsische Schweiz/Bad Schandau, Sebnitz.

Wissenswertes Diese Strecke wurde nach dem Gelehrten und Heimatforscher Prof. Dr. Alfred Meiche (1870–1947) benannt. Sie führt in stetem Wechsel von Wald und Flur durch eine überwiegend sanfthügelige Landschaft. Felsen fehlen völlig, ein gänzlich untypisches Gelände in der ansonsten stark zerklüfteten Hinteren Sächsischen Schweiz. Ursache ist die nahe bei Hinterhermsdorf verlaufende »Lausitzer Störung«, die Grenze zwischen schroffen Sandstein- und runden Granitformen.

Sebnitz zählt rund 15 000 Einwohner. Vom 18. bis ins 19. Jahrhundert war die Stadt für Webereierzeugnisse bekannt. Die 1835 zugezogenen böhmischen Handwerker begründeten die Tradition der Kunstblumenherstellung. Sie hat die Stadt weit über ihre Grenzen bekannt gemacht. Das Heimatmuseum in der Bergstraße 9 gibt Einblick in die Geschichte der Stadt.

Hinterhermsdorf siehe Tour 28.

Tourenbeschreibung Vom *Marktplatz* in *Sebnitz* spazieren wir zur nahen *Peter-Pauls-Kirche,* wandern die *Bergstraße* hinauf und passieren das *Heimatmuseum* (blauer Strich). Auf der Anhöhe weitet sich die Straße. Wir biegen rechts in den *Bergweg* ein, erreichen bald eine Gabelung und biegen rechts in einen schmalen Pfad ein (Wegweiser: Grenzbaude).

Indem wir auf der Höhe eine Fahrstraße queren, erreichen wir den *Buchberg.* Der Wanderweg führt in den Wald, der sich bald zu einer freien Wiesenfläche öffnet. Die Markierung führt uns nun vom breiten Weg nach rechts in einen schmalen Pfad.

Er umgeht den breiten Weg eine kurze Strecke und trifft ihn wieder am Waldrand. Dann wandern wir durch Wiesen, bis wir linker Hand ein Birkenwäldchen erblicken. Nun ist etwas Aufmerksamkeit gefordert. Die Markierung führt uns nach rechts in einen sehr schmalen Wiesenpfad. Er führt durch eine *Siedlung von Wochenendhäusern* und erreicht im Tal die *Verkehrsstraße*.

Wir folgen ihr etwa 100 Meter nach links, biegen dann rechts ab, wandern an *Bauernhäusern* vorbei, erreichen die *Verkehrsstraße* ein zweites Mal und folgen ihr nach rechts. Etwa 100 Meter hinter dem *Ortsausgangsschild* biegen wir links ab, wandern längere Zeit am Waldrand entlang, tauchen dann in den Wald und steigen äußerst steil auf unwegsamem und wurzelreichem Pfad auf die Höhe. Der Weg führt entlang der Grenze zur Tschechischen Republik durch den Nadelwald zu einer *Ruhebank*. Hier treffen wir den von Saupsdorf heraufziehenden Wanderweg (gelber Strich). Wenige Minuten später stehen wir un-

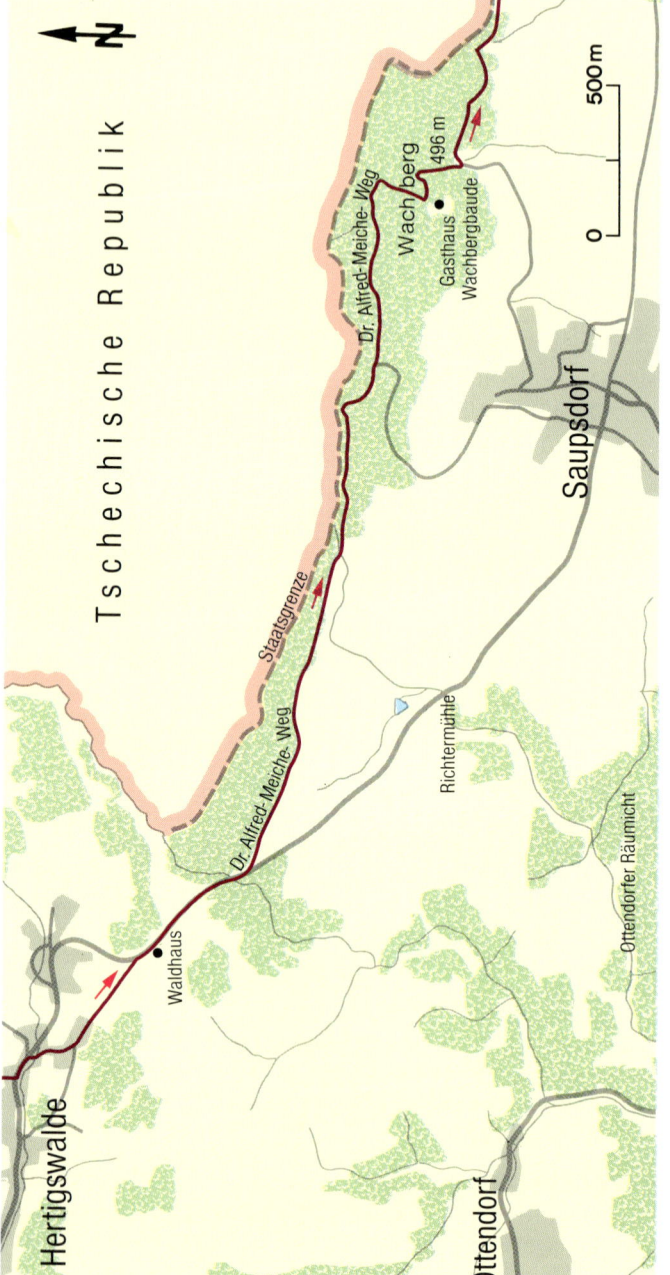

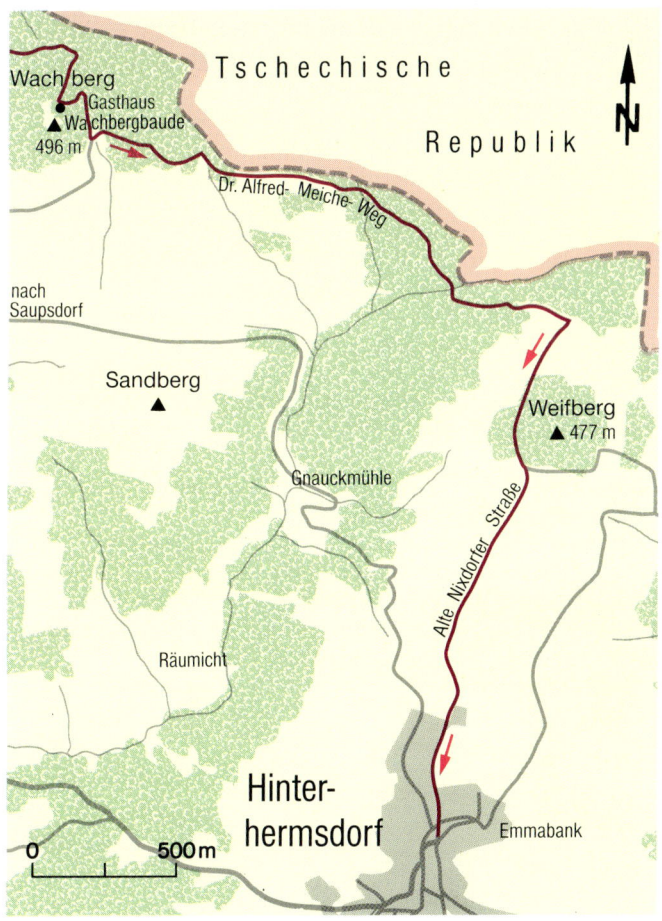

mittelbar vor dem *Gasthaus Wachbergbaude*. Der Aussichtspunkt schenkt uns einen schönen Blick ins Böhmische und in die
Sächsische Schweiz.

Dem Wegweiser Richtung Hinterhermsdorf folgend, treffen
wir auf eine Asphaltstraße, der wir etwa 100 Meter talwärts folgen, dann links abbiegen. Wir achten auf die Markierung und
erreichen auf schmalen Pfaden die *Alte Nixdorfer Straße*. Sie
verband bis 1945 Hinterhermsdorf mit Nixdorf (Mikulásovice).
Wir folgen der schönen Allee nach rechts, wandern am West-
hang des *Weifberges* entlang und durch die sanft gewellte grüne
Flur nach *Hinterhermsdorf*.

39 Schmilka – Rotkehlchenstiege – Schrammsteinaussicht – Bad Schandau

Verkehrsmöglichkeiten B 172 über Bad Schandau. Mit der Bahn auf der Strecke Dresden – Schöna bis Haltepunkt Schmilka-Hirschmühle und weiter mit der Fähre nach Schmilka. Busverbindung mit Bad Schandau. Rückkehrmöglichkeit mit Bus oder Bahn.

Parkmöglichkeiten Großer Parkplatz in Schmilka an der rechten Straßenseite kurz vor dem Grenzübergang.

Wegmarkierungen Gelber Strich bis Anschluß grüner Punkt, unmarkiert durch den Falkoniergrund und über die Rotkehlchenstiege, dann blauer Strich über den Gratweg bis Anschluß grüner Punkt zur Schrammsteinaussicht. Von der Aussicht mit dem grünen Punkt zurück bis Anschluß blauer Strich und gelber Strich.

Tourenlänge 9 Kilometer. **Wanderzeit** 3 Stunden.
Höhenunterschiede 500 Höhenmeter.

Wanderkarte 1:25000 Blatt 45 Sächsische Schweiz/Bad Schandau, Sebnitz oder 1:10000 Schrammsteingebiet.

Wissenswertes Bei dieser Wanderung müssen erhebliche Steigungen bewältigt werden. Wir werden mit eindrucksvollen Aussichten belohnt.

Schmilka siehe Tour 33, *Schrammsteine* und *Bad Schandau* siehe Tour 20.

Schrammsteinaussicht   (Foto: Norbert Forsch)

Tourenbeschreibung Vom *Parkplatz* wandern wir Richtung
Grenzübergang und biegen nach wenigen Metern links ab. Wir
passieren die *Kurverwaltung,* wandern geradewegs bergauf in
den Wald und erreichen über den *Wurzelweg* die *Zwieselhütte*
(gelber Strich). Hier biegen wir links in den *Elbleitenweg* ein
(grüner Punkt), passieren nach etwa 200 Metern den rechts in
den Heringsgrund abzweigenden Weg, folgen dem *Elbleitenweg*
weitere 100 Meter, biegen dann rechts in den *Falkoniergrund*
ein (unmarkiert).

Der anfänglich bequeme Weg wird stetig steiler und mündet
in die *Rotkehlchenstiege.* Wir klettern über Stufen und Leitern

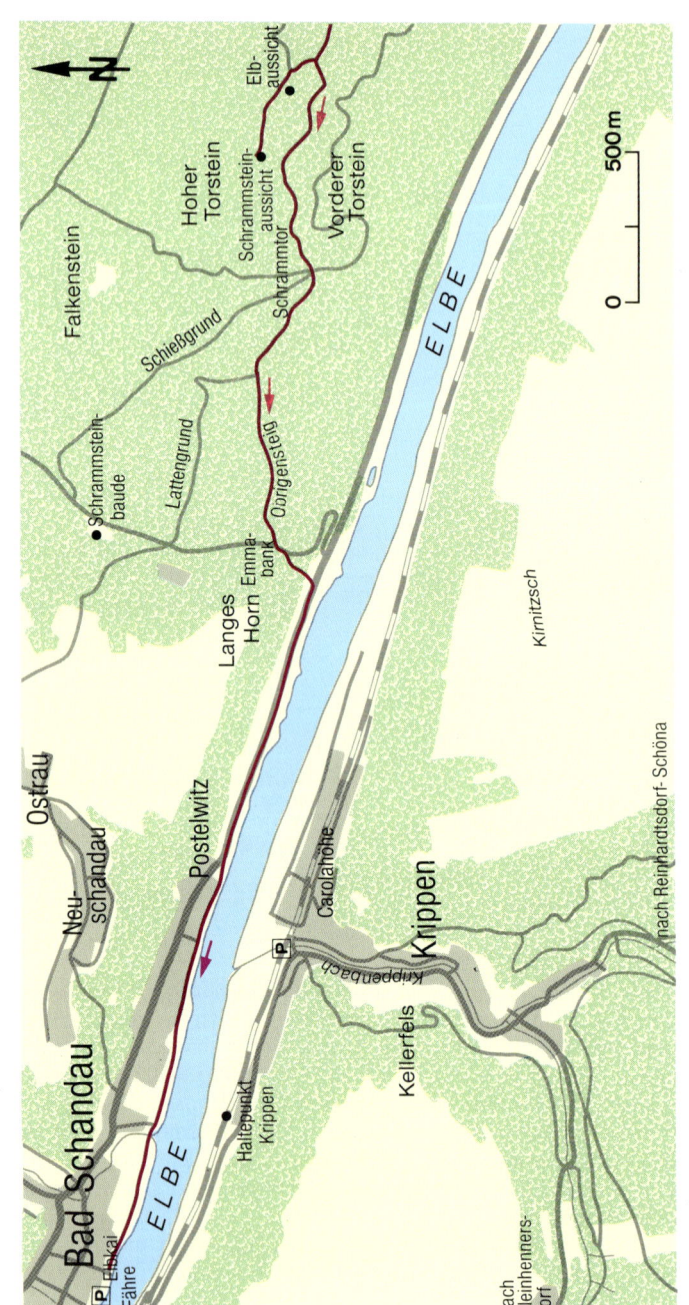

bergauf und treffen auf den *Schrammsteinweg* (blauer Strich). Ihm folgen wir nach links. Nach etwa 800 Metern passieren wir zur Linken die Abzweigung zum Elbleitenweg. Nach weiteren 200 Metern erreichen wir einen *Aussichtspunkt* mit Blick in die Breite Kluft, auf Schmilka und über die Elbe hinweg zur Kaiserkrone. Wir wandern nun auf dem *Schrammsteingratweg* über das rechts und links steil abfallende *Schrammsteinplateau*.

Gegen Ende des *Gratweges* steigen wir wieder ein Stück bergab, passieren zur Linken die Abzweigung des zur Vorderen Promenade führenden Jägersteigs (blauer Strich biegt hier rechts ab), steigen wieder bergauf, passieren zur Rechten die Einmündung des Mittelweges (grüner Punkt), dann zur Linken den zur *Elbaussicht* führenden Weg und erreichen über die Steiganlagen die *Schrammsteinaussicht* (427 m).

Wir wandern zum *Jägersteig* zurück, folgen ihm steil bergab (blauer Strich) und biegen rechts in die *Vordere Promenade* ein. Wir durchschreiten das *Schrammtor*, halten uns links (gelber Strich) und erreichen über den *Obrigensteig* die Verkehrsstraße im Zahnsgrund. Ihr folgen wir etwa 50 Meter talwärts, biegen dann rechts ab und erreichen im Ortsteil Postelwitz die B 172, der wir bis zum *Gasthaus Falken folgen, dann links in den Uferweg einbiegen. Er quert die Kirnitzsch* an ihrer Mündung in die Elbe und erreicht den Elbkai von *Bad Schandau*.

40 Bad Schandau – Lichtenhainer Wasserfall – Neumannmühle (Lehrpfad Flößersteig)

Verkehrsmöglichkeiten B 172 über Pirna. Bahnstation auf der Strecke Dresden – Schöna und Endstation der Sebnitztalbahn und der Kirnitzschtalbahn. Busverbindung auf der Strecke Dresden – Hinterhermsdorf, mit Cunnersdorf, Reinhardtsdorf-Schöna, Kleingießhübel, Waltersdorf, Sebnitz und Schmilka, mit der Bastei und Ostrau. Schiffsverbindung. Bis zum Lichtenhainer Wasserfall werden wir von Haltestellen der Kirnitzschtalbahn begleitet, dann stehen uns Bushaltestellen zur Verfügung.
Parkmöglichkeiten Am Elbkai am rechten Elbufer. Hier befindet sich auch der Busbahnhof.
Wegmarkierungen Grüner Diagonalstrich.
Tourenlänge 13 Kilometer.
Wanderzeit 4 Stunden.
Höhenunterschiede 260 Höhenmeter.

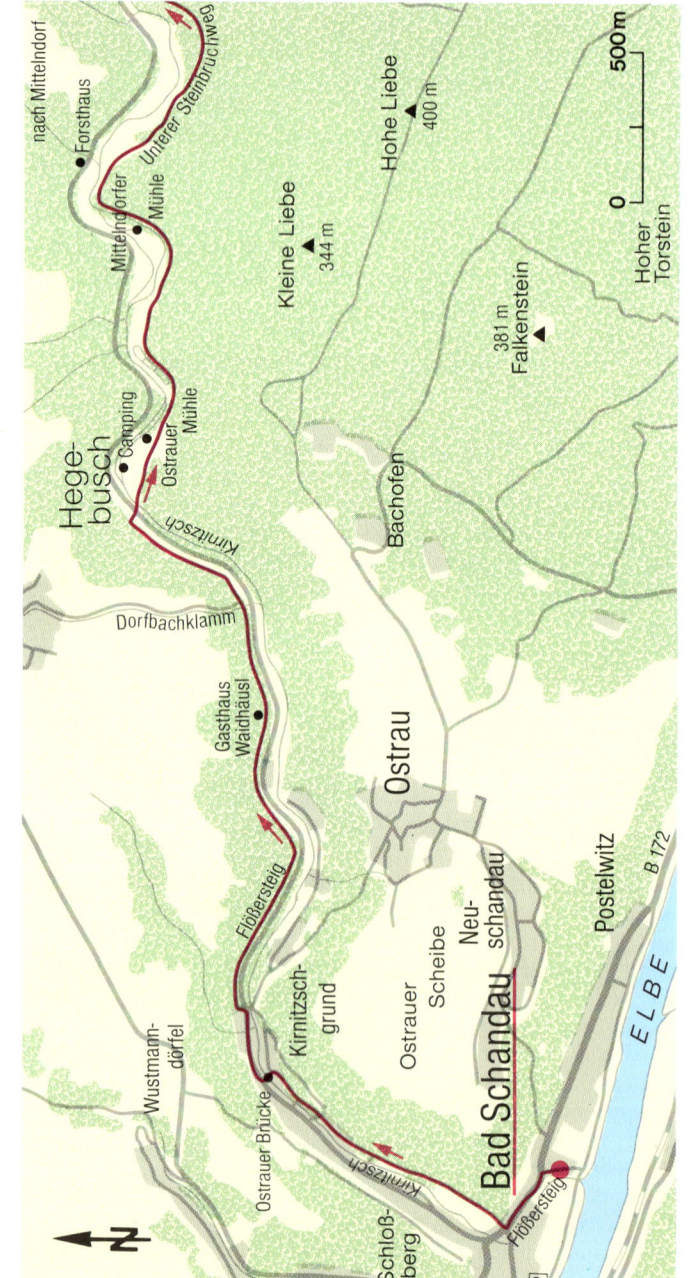

nach Mittelndorf

Forsthaus

Mittelndorfer
Mühle

Unterer Steinbruchweg

Hohe Liebe
400 m

Hoher
Torstein

Kleine Liebe
344 m

Hege-
busch

Camping

Ostrauer Mühle

381 m
Falkenstein

Kirnitzsch

Dorfbachklamm

Bachofen

Gasthaus
Waidhäusl

Ostrau

Flößersteig

Neu-
schandau

Postelwitz

B 172

Wustmann-
dörfel

Kirnitzsch-
grund

Ostrauer
Scheibe

Bad Schandau

ELBE

Ostrauer Brücke

Kirnitzsch

Flößersteig

Schloß-
berg

N

P

500 m

0

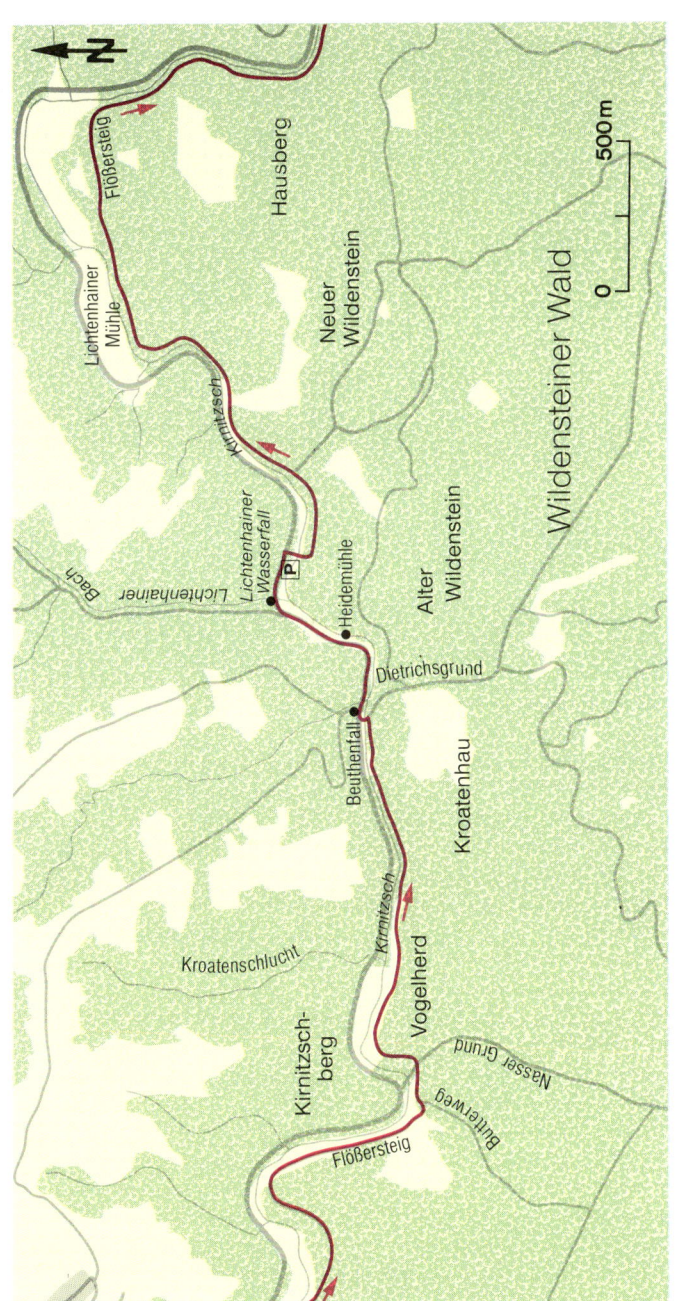

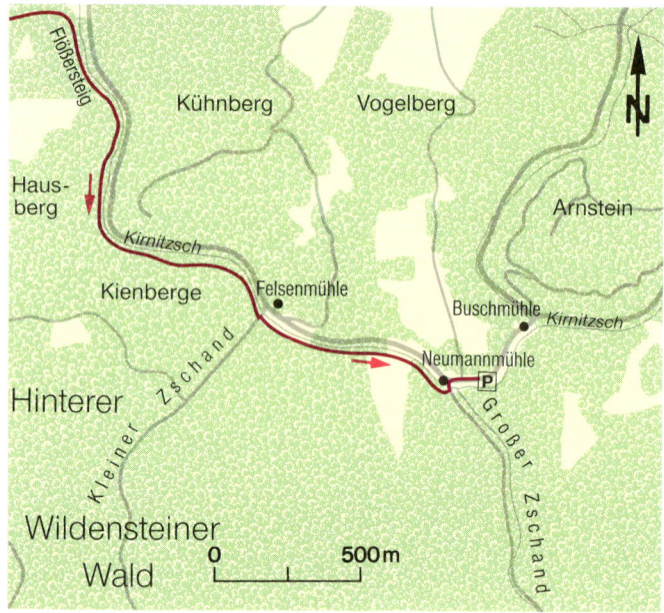

Wanderkarte   1:25000 Blatt 45 Sächsische Schweiz/Bad Schandau, Sebnitz.

Wissenswertes   Die *Kirnitzsch* entspringt bei Studanka (Schönborn) in Böhmen und mündet nach rund 45 Kilometern bei Bad Schandau in die Elbe. Seit dem 15. Jahrhundert bis zur Mitte unseres Jahrhunderts wurde sie zum Triften von Baumstämmen genutzt. Das Holz stammte aus den Wäldern der Hinteren Sächsischen Schweiz. Es wurde in Schleusen angesammelt. Wenn sie geöffnet wurden, verwandelte sich die recht flache Kirnitzsch für kurze Zeit in einen reißenden Fluß und schwemmte die Baumstämme talwärts. Sie wurden auf dem *Flößtersteig* bis Bad Schandau von den Flößern begleitet, dort zusammengebunden und auf der Elbe weitertransportiert.

Der Flößersteig wurde 1958 als Lehrpfad ausgestaltet und endete am Beuthenfall. 1980 wurde er bis zur Neumannmühle verlängert. Über 100 Informationstafeln erläutern die vielfältigen historischen Zusammenhänge und bemerkenswerte Naturerscheinungen. Die Wanderung auf dem Flößersteig ist überwiegend bequem. Allerdings steigt der Pfad streckenweise zum Hochufer an, verengt sich und kann bei nassem Wetter recht rutschig werden. Unterwegs viele Einkehrmöglichkeiten.

Tourenbeschreibung Der Flößersteig beginnt an der *Mündung* der *Kirnitzsch* in die Elbe. Wir folgen ihrem linken Ufer, flanieren auf der alten *Kurpromenade*, passieren die *Endstation* der *Kirnitzschtalbahn*, das *Heimatmuseum* mit dem *Botanischen Garten*, das *Kurhaus* und erreichen nach etwa anderthalb Kilometern die *Ostrauer Brücke*. Hier wechseln wir ans andere Ufer.

Wir folgen nun der *Hartungspromenade*, passieren das *Gasthaus Waldhäusl* und überqueren die *Kirnitzsch* kurz vor der Ostrauer Mühle ein zweites Mal. Oberhalb des *Campingplatzes* steigt der Weg zum Hochufer an. Am *Beuthenfall* wechseln wir wieder ans andere Ufer, folgen nun der *Kirnitzschtalstraße*, passieren den *Lichtenhainer Wasserfall* und wechseln am *Parkplatz* erneut das Kirnitzschufer.

Der Pfad wird nun wieder anspruchsvoller. Wir passieren die am rechten Ufer liegende Lichtenhainer Mühle und die Felsenmühle und erreichen bei der *Neumannmühle* das Ende des Flößersteigs.

41 Die Bastei

Verkehrsmöglichkeiten Von Bad Schandau über Rathmannsdorf, Porschdorf, Waltersdorf und Rathewalde Richtung Lohmen, dann links auf die Basteistraße oder von Pirna über Lohmen auf die Basteistraße.

Parkmöglichkeiten Großer Parkplatz an der Basteistraße.

Wegmarkierungen Teilweise blauer Strich und roter Punkt.

Tourenlänge 2 Kilometer.

Wanderzeit 1 Stunde.

Höhenunterschiede Unwesentlich.

Wanderkarte 1:25 000 Blatt 43 Sächsische Schweiz/Pirna oder 1:10 000 Gebiet Rathen/Hohnstein.

Wissenswertes Die *Bastei* ist ein Wahrzeichen des Elbsandsteingebirges und seit rund zweihundert Jahren das meistbesuchteste Ausflugsziel in der Sächsischen Schweiz. Die aufwendig betriebene Erschließung der zerklüfteten Felslandschaft und der damit angestiegene Besucherstrom fordert kritische Anmerkungen heraus, der gewaltige Eindruck muß jedoch unwidersprochen bleiben.

Bereits 1812 wurden Rindenhütten errichtet. Ein Lohmener Fleischer bot Erfrischungen feil. Um 1820 wurde eigens für die Schweizreisenden eine hölzerne Brücke erbaut. 1851 wurde sie durch ein steinernes Bauwerk ersetzt. Über die Schlucht Mardertelle hinweg verbindet sie die Basteihochfläche unter Einbeziehung der großen Felsentürme Sieberturm, Große Steinschleuder und Jahrhundertturm mit der Felsenburg Neurathen. Im Laufe der Zeit gab es viele Projekte, die Bastei noch stärker zu erschließen. Erwogen wurde unter anderem der Bau einer Drahtseilbahn, einer Zahnradbahn und eines Aufzugs. Verwirklicht wurde nur die breite Zufahrtsstraße und ein moderner Hotelkomplex mit gastronomischen Betrieben und Souvenirständen.

Basteibrücke (Foto: Michael Klees)

Eine besondere Attraktion ist die *Felsenburg Neurathen*. Sie wurde von den böhmischen Lehnsleuten Berken von Duba als Posten gegen die Sachsen errichtet. Um 1470 wurde die Burg zerstört. 1933/34 fanden erste archäologische Untersuchungen statt. Die Burg wurde rekonstruiert und ist seit 1984 zur Besichtigung freigegeben. Ein waghalsig angelegtes System von Stegen und Brücken führt zu Kammern und Wehrgängen.

Im Umfeld der Bastei laden die tiefen Gründe zu Spaziergängen ein. Bereits 1938 wurden knapp 800 Hektar des Basteigebietes unter Naturschutz gestellt. 1985 wurde das Gebiet nördlich der Honigsteine zum Totalreservat erklärt.

Siehe auch Tour 1.

Tourenbeschreibung Wenn wir über die *Basteistraße* kommend den *Hotelkomplex* durchschritten haben, erwartet uns rechts

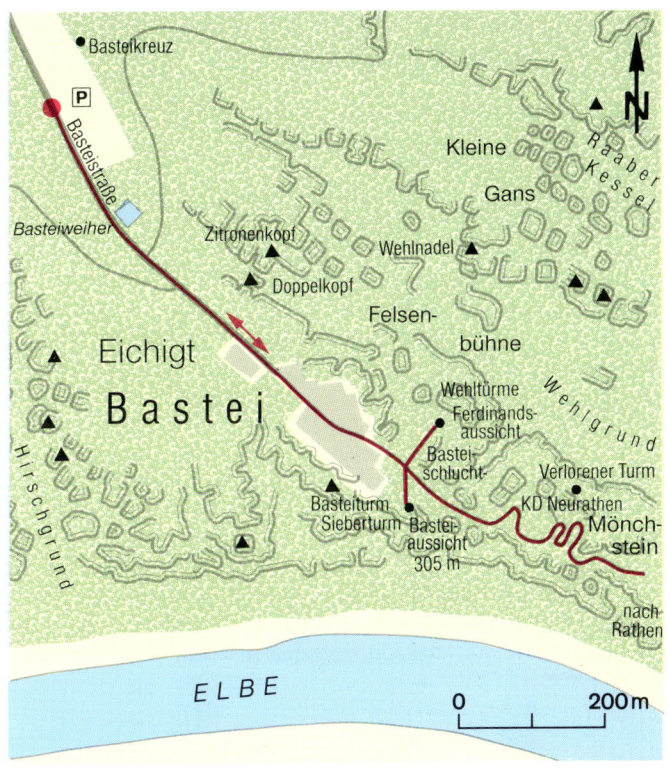

vom Hauptweg die überwältigende *Basteiaussicht* (305 m). Rund
190 Meter fallen die Felsen senkrecht zur Elbe hinab. Wir erblicken in der Ebenheit Lilienstein, Pfaffenstein und Königstein.
Etwas unscheinbarer treten Rauenstein, Bärensteine und Nonnenstein hervor. Links vom Hauptweg bietet die *Ferdinandsaussicht* Einblicke in den Wehlgrund.

Der weitere Weg führt über die *Basteibrücke.* Am *Sieberturm*
erinnern Gedenktafeln an Carl Heinrich Nicolai (1750–1823)
und Wilhelm Lebrecht Götzinger (1758–1818), die mit ihren Bü-
chern wesentlich zur Erschließung des Elbsandsteingebirges bei-
getragen haben. Zur Rechten blicken wir weit über die Ebenheit
jenseits der stillen Elbe, zur Linken tief in die zerklüftete Felsenwelt. Jenseits der Brücken erreichen wir die *Felsenburg Neurathen.* Auf dem Herweg spazieren wir zum *Parkplatz* zurück.

42 Aufstieg auf den Lilienstein

Verkehrsmöglichkeiten B 172 über Pirna nach Bad Schandau und nach Überquerung der Elbe weiter über Porschdorf und Waltersdorf Richtung Ebenheit.

Parkmöglichkeiten Waldparkplatz »Alte Kaiserstraße«.

Wegmarkierungen Teilweise blauer Strich.

Tourenlänge 3 Kilometer.

Wanderzeit 1½ Stunden.

Höhenunterschiede 170 Höhenmeter.

Wanderkarte 1 : 25 000 Blatt 43 Sächsische Schweiz/Pirna.

Wissenswertes Der *Lilienstein* (415 m) ist der charakteristischste Tafelberg der Sächsischen Schweiz. Sein Name geht auf die im 14. Jahrhundert gebräuchliche Bezeichnung Yllgenstein zurück und bezieht sich vermutlich auf den heiligen Ilgen.

Der Lilienstein liegt inmitten der vom Elbstrom in einer großen Schleife umflossenen Ebenheit bei Königstein. Seine große Ebenmäßigkeit und seine exponierte Lage unterscheiden ihn von den anderen Steinen. Ausgrabungen beweisen, daß er bereits zu vorchristlichen Zeiten von Menschen aufgesucht wurde. Auch wurden Reste einer mittelalterlichen Befestigung entdeckt. Auf der Westaussicht befinden sich auffällige Vertiefungen im Fels. Sie entstanden durch Verwitterung. Im Volksmund werden sie als Opferkessel bezeichnet.

Der Lilienstein   (Foto: Norbert Forsch)

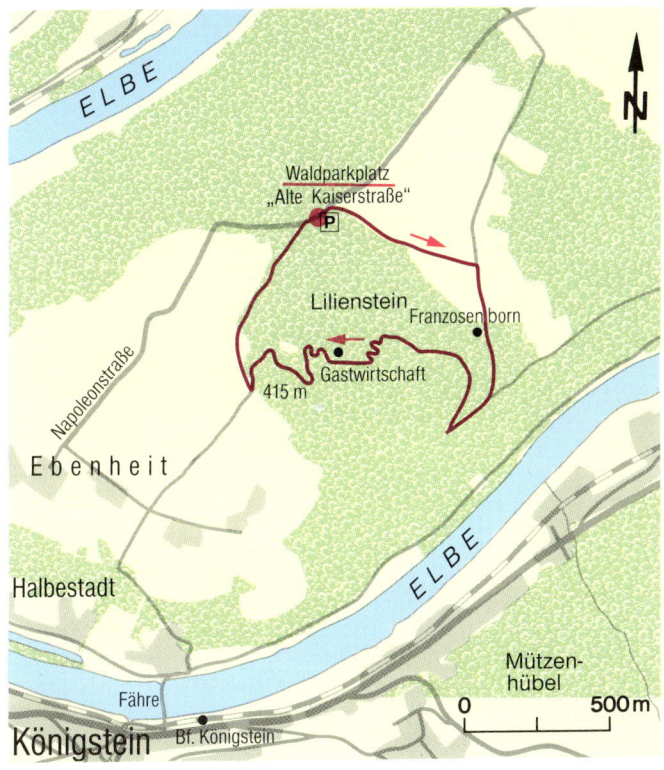

Obgleich strategisch günstig gelegen, spielte der Lilienstein nur vorübergehend eine militärische Rolle. 1756 kapitulierte auf der Ebenheit an seinem Fuß die sächsische Armee vor den preußischen Truppen Friedrichs des Großen und geriet in Gefangenschaft. Der Franzosenborn und die Kaiserstraße erinnern an die Freiheitskriege, als Sachsen auf der Seite Napoleons stand. Die Kaiserstraße ließ Napoleon anlegen, um eine Verbindung zwischen Stolpen und Königstein zu schaffen. Im Preußisch-Österreichischen Krieg wurde 1866 der Wald auf dem Lilienstein gefällt, damit die Armee freie Sicht bekam.

Kurfürst August der Starke bestieg den Lilienstein 1708 und veranlaßte den Bau des Südaufstiegs. Der Nordaufstieg in seiner heutigen Form stammt von 1900. Auf der Südaussicht des Plateaus steht der Wettinobelisk. Er wurde 1889 zur 800-Jahr-Feier der Wettiner errichtet. Die Gaststätte und der Aussichtsturm wurden Ende des 19. Jahrhunderts gebaut.

Der Lilienstein (Foto: Michael Klees)

Tourenbeschreibung Vom *Parkplatz Alte Kaiserstraße* am Fuß des Liliensteins folgen wir dem dort abzweigenden schmalen Wirtschaftsweg am Waldrand entlang und erreichen nach etwa 500 Metern eine Kreuzung. Hier rechts (blauer Strich). Wir queren unterhalb vom Franzosenborn einen Weg, treffen auf die von links vom Ringweg kommende Markierung gelber Strich und wandern im Rechtsbogen auf dem *Nordaufstieg* bergauf. Der Weg zieht bald nach links und wird schmaler. Stufen leiten den langen und steilen Aufstieg ein.

Auf dem Plateau des *Liliensteins* angelangt, führt der Hauptweg an der *Gastwirtschaft* geradewegs vorbei und nahe beim westlichen Aussichtspunkt über den *Südabstieg* steil zu Tal. Am Fuß des Berges biegen wir rechts ab und wandern auf unmarkiertem Pfad am Rande des Waldes zum *Parkplatz* zurück.

43 Königstein – Festung Königstein – Königstein

Verkehrsmöglichkeiten Königstein liegt am linken Elbufer an der B 172. Bahnstation auf der Strecke Dresden – Schöna. Busverbindung auf den Strecken Dresden – Hinterhermsdorf, Pirna – Cunnersdorf, Bad Schandau – Cunnersdorf, über Leupoldishain mit Pirna, über Rosenthal mit der Schweizermühle und zwischen Königstein und der Festung. Rückfahrmöglichkeit mit der Bahn. Schiffsverbindung.

Parkmöglichkeiten Im Ort an der B 172 beim Bahnviadukt. Hier befindet sich auch der Busbahnhof und die Touristeninformation.

Wegmarkierungen Aufstieg roter Punkt, Abstieg blauer Strich.

Tourenlänge 3,5 Kilometer.

Wanderzeit 1½ Stunden.

Höhenunterschiede 240 Höhenmeter.

Wanderkarte 1:25000 Blatt 43 Sächsische Schweiz/Pirna.

Wissenswertes Der Böhmenkönig Wenzel I. unterzeichnete 1241 auf dem *Königstein* die Urkunde, die die Grenze zwischen dem Königreich Böhmen und dem Bistum Meißen festlegte. Die damalige Burg auf dem Königstein geriet 1459 in den Besitz der Wettiner. Herzog Georg der Bärtige veranlaßte 1515 die Gründung eines Klosters, das aber bereits 1524 wieder aufgelöst wur-

Der Lilienstein   (Foto: Norbert Forsch)

de. Unter Kurfürst August wurde von 1563 bis 1569 in mühsamer Arbeit ein 152,5 Meter tiefer Brunnenschacht in den Stein gehauen, aber erst ab 1589 wurde unter Kurfürst Christian I. der Festungsbau mit aller Energie betrieben. Noch im 16. Jahrhundert entstand das Garnisonshaus, die Christiansburg und das Alte Zeughaus. Im 17. Jahrhundert folgte die Georgenburg, die Magdalenenburg und das Neue Zeughaus. An den bombensicheren Kasematten baute man von 1770 bis 1820, am Schatzhaus 1853. Auf dem Sandsteinplateau des Königsteins (360 m) steht heute auf 9,5 Hektar die einst mächtigste Festungsanlage Deutschlands. Eine besonders militärwichtige Stellung hat die Festung Königstein nie erlangt. Der einzige Schuß fiel im Siebenjährigen Krieg. Als Staatsgefängnis wurde sie jedoch berühmt. Der Alchimist Johann Friedrich Böttger wurde 1706/07 hier im Alter von 24 Jahren eingeliefert, um für August den Starken Gold zu machen. Das Goldmachen mißlang, stattdessen erfand er das erste europäische Hartporzellan. Großes Aufsehen erregte im März 1848 der Schornsteinfeger Abratzky. Aus Übermut kletterte er ohne Hilfsmittel die Festungsmauer hinauf. Als Lohn bekam er zwölf Tage Arrest. Berühmte Gefangene im 19. Jahrhundert waren der Anarchist Michael Bakunin, der Dichter Frank Wedekind und der Sozialist August Bebel. Dem französischen General Henri Giraud gelang 1942 die Flucht. Seit 1955 ist Festung Königstein Museum. Es präsentiert neben wechselnden Ausstellungen unter anderem historische Waffensammlungen sowie die Geschichte der Festung und des Elbsandsteingebirges.

Königstein siehe Tour 10.

Tourenbeschreibung Vom *Bahnviadukt* ausgehend queren wir die B 172 und den *Busbahnhof,* biegen in die *Hainstraße* ein und folgen der *Pirnaer Straße* nach rechts (roter Punkt).

(Geradeaus führt der mit blauem Strich markierte Steilaufstieg an der Palmschenke vorbei zur Festung.)

Beim *Denkmal* für den Komponisten E. Julius Otto biegen wir links ab, spazieren an seinem *Geburtshaus* vorüber und treffen wieder auf die B 172, folgen ihr etwa 150 Meter bergauf, biegen dann links in die schmale, 1803 gepflasterte Festungsstraße ein. Sie zieht nach links und erreicht immer steiler werdend die *Festung Königstein.*

Zwei Eingänge stehen zur Wahl, ein bequemer Aufzug oder ein kurzer, steiler Fußweg. Oben angelangt spazieren wir 240 Meter über der Elbe an der Festungsmauer entlang und genießen einen großartigen Blick in die Ebenheit.

Nach der Besichtigung spazieren wir am Fuß der Festungsmauer in Richtung auf den nahen, kleinen Parkplatz, biegen rechts in einen Pfad ein (blauer Strich), wandern auf dem *Latzweg* an der *Palmschenke* vorbei steil bergab und erreichen *Königstein* bei der *Stadtbibliothek* nahe der Marienkirche. Hier links. Nach etwa 10 Metern rechts durch die *Kirchgasse* und die *Hainstraße* zum *Busbahnhof* am Eisenbahnviadukt nahe der B 172.

44 Der Pfaffenstein

Verkehrsmöglichkeiten B 172 über Pirna nach Königstein und von der Bielatalstraße links abzweigend nach Pfaffendorf.

Parkmöglichkeiten Parkplatz am südöstlichen Ortsende von Pfaffendorf.

Wegmarkierungen Der Hauptweg über den Pfaffenstein ist mit grünem Punkt markiert. Zur Barbarine und zu den Opferkesseln führt der rote Strich, zur Goldschmidthöhle der blaue Strich.

Tourenlänge 3 Kilometer. **Wanderzeit** 2 Stunden.
Höhenunterschiede 250 Höhenmeter.
Wanderkarte 1:25 000 Blatt 44 Kurort Berggießhübel, Kurort Bad Gottleuba, Bielatal.

Anmerkung Eingehende Erkundungen des Pfaffensteins sind nur ohne Gepäck zu empfehlen.

Wissenswertes Das Plateau des *Pfaffensteins* (427 m) ist 620 Meter lang und 300 Meter breit. Es ist sehr zerklüftet und voller Kamine, Höhlen und Gassen. Zu Urzeiten wirbelten Stürme Lehm auf das Plateau. Er bildet eine wasserundurchlässige Decke. Angesammeltes Regenwasser erlaubte eine Besiedlung, die man bis in die Bronzezeit zurückverfolgen kann. Teile einer alten Wallanlage sind noch zu erkennen. In schüsselartigen Vertiefungen im Fels glaubte man früher, Opferkessel zu erkennen.

Touristisch erschlossen wurde der Pfaffenstein 1878/79 von dem Gutsbesitzer Jäckel. Ein Fels trägt seinen Namen und eine Gedenktafel. Die Berggaststätte und der Aussichtsturm stammen von 1880. Die Treppenanlage im Nadelöhr wurde 1897 gebaut.

An der Nordostseite des Pfaffensteins finden wir die *Goldschmidthöhle*. Hier hielt sich 1854 der Papiergeldfälscher Friedrich Eduard Goldschmidt verborgen. Am »bequemen« Aufstieg liegt die Bellohöhle und der Kleine Kuhstall. Er diente in Kriegszeiten als Versteck.

An der Südostseite ragt die 43 Meter hohe Felsnadel *Barbarine* empor, ein berühmtes Wahrzeichen der Region. Sie wurde 1905 zum ersten Mal bestiegen. Drohender Verfall zwang 1975 die Behörden, das Besteigungsverbot zu erlassen. 1979 wurde der poröse Sandstein durch Bindemittel wieder verfestigt. Der Sage nach ist die Barbarine ein zu Stein erstarrtes Mädchen aus Pfaffendorf.

Tourenbeschreibung Vom *Parkplatz* ausgehend wandern wir bergauf zum Waldrand am Fuß des weithin sichtbaren Pfaffensteins. Wir biegen rechts ab und erreichen nach etwa einem halben Kilometer eine Kreuzung mit Wegweisern. Hier biegen wir links ab (grüner Punkt), queren die Überreste eines bronzezeitlichen *Walles* und erreichen über Stufen bergauf den »bequemen« Aufstieg beim *Jäckelfelsen* nahe der Höhle Kleiner Kuhstall.

Wir haben nun zwei Möglichkeiten. Rechts führt ein breiter Weg hinauf. Gehen wir ein wenig nach links, können wir rechts abbiegen und durch eine schmale *Klamm* hinaufsteigen. Beide Wege enden am Hauptweg, der das Plateau in Nord-Süd-Richtung durchzieht.

Der Weg durch die *Klamm* endet nahe der *Berggaststätte*. Hier rechts. Der Pfad führt talwärts und gabelt sich. Der rechte Zweig ist Teil des »bequemen« Aufstiegs. Wir halten uns links und erreichen linker Hand eine Aussicht (roter Strich). Über

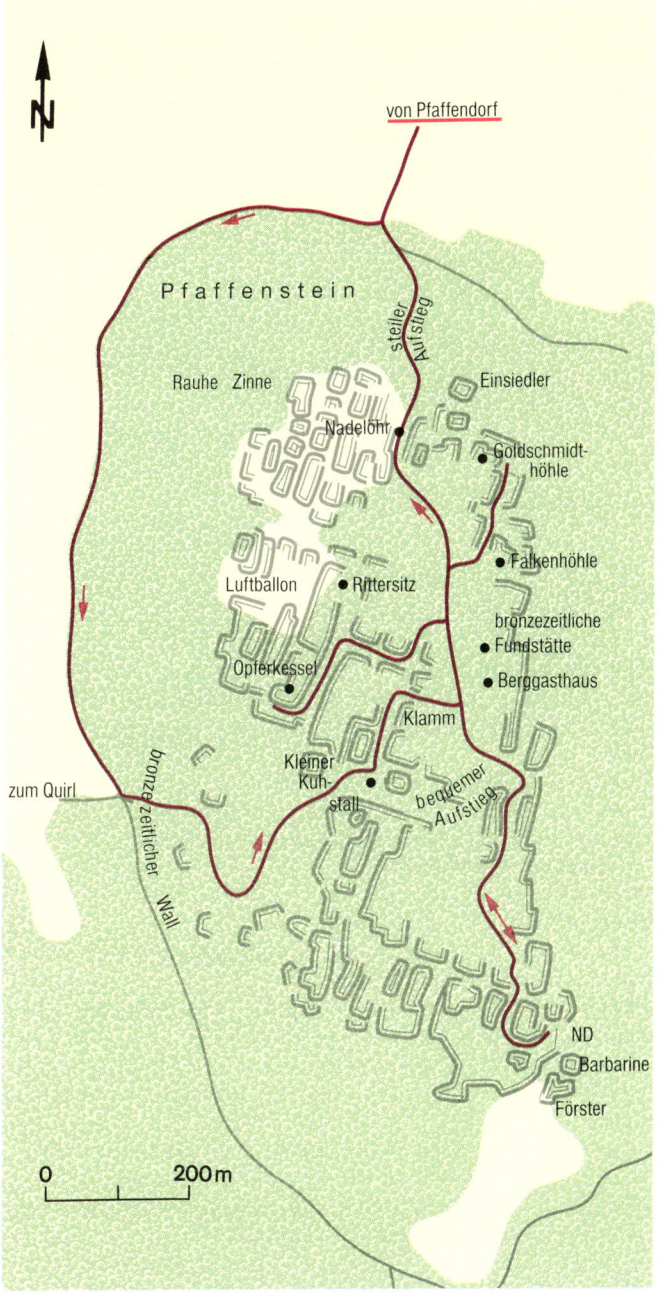

von Pfaffendorf

P f a f f e n s t e i n

steiler Aufstieg

Rauhe Zinne

Einsiedler

Nadelöhr

Goldschmidt-
höhle

Falkenhöhle

Luftballon

Rittersitz

bronzezeitliche
Fundstätte

Opferkessel

Berggasthaus

Klamm

zum Quirl

bronzezeitlicher Wall

Kleiner
Kuh-
stall

bequemer
Aufstieg

ND
Barbarine

Förster

0   200 m

Felsen und Engpässe, schließlich durch eine enge Kluft schlüpfend, erreichen wir die Aussicht auf die fragile *Barbarine*.

Auf dem Herweg gehen wir zurück. Etwa 70 Meter hinter der Berggaststätte zweigt vom Hauptweg links ein Pfad ab und führt zu den weit über den Abgrund vorgeschobenen *Opferkesseln* und weiter zu dem Felsen *Luftballon* (roter Strich). Auch von hier genießen wir eine schöne Aussicht.

Wir gehen zum Hauptweg zurück und folgen ihm wieder ein kurzes Wegstück. Rechts zweigt ein Pfad ab und führt zu einer *Aussichtsplattform* (gelber Strich). Bei gutem Wetter können wir bis zum Hohen Schneeberg blicken. Von hier führt uns ein beschwerlicher, aber gut gesicherter Pfad weiter talwärts zur *Goldschmidthöhle* (blauer Strich). Ohne Markierung wäre sie kaum zu finden, ein geniales Versteck.

Auf den Hauptweg zurück zum Abstieg durch das *Nadelöhr*. Eisenleitern führen steil bergab durch die enge Kluft zum Fuß des *Pfaffensteins*.

45 Rund um die Schweizermühle

Verkehrsmöglichkeiten B 172 über Pirna nach Krietzschwitz und weiter über Bielatal über Schweizermühle oder von Königstein auf der Bielatalstraße. Mit dem Bus von Königstein über Rosenthal.

Parkmöglichkeiten Keine ausgewiesene Parkmöglichkeit. Der nächste Parkplatz befindet sich kurz vor der Ottomühle.

Wegmarkierungen Gelber Punkt.

Tourenlänge 5 Kilometer.

Wanderzeit 1½ Stunden.

Höhenunterschiede 180 Höhenmeter.

Wanderkarte 1:25 000 Blatt 44 Kurort Berggießhübel, Kurort Bad Gottleuba, Bielatal.

Wissenswertes Dieser kurze Ausflug verschafft uns einen Eindruck von der bizarren Felsenwelt im *Bielatal*. Unter den vielen Kletterfelsen haben die schlanken Herkulessäulen besondere Berühmtheit erlangt. Sie wurden 1904 zum erstenmal bestiegen.

Die *Schweizermühle* wurde bereits 1567 als Brettmühle erwähnt. Ihren Namen trägt sie seit 1824. In ihrem Umfeld entwickelte sich im 19. Jahrhundert eine bekannte Wasserheilanstalt mit regem Kurbetrieb.

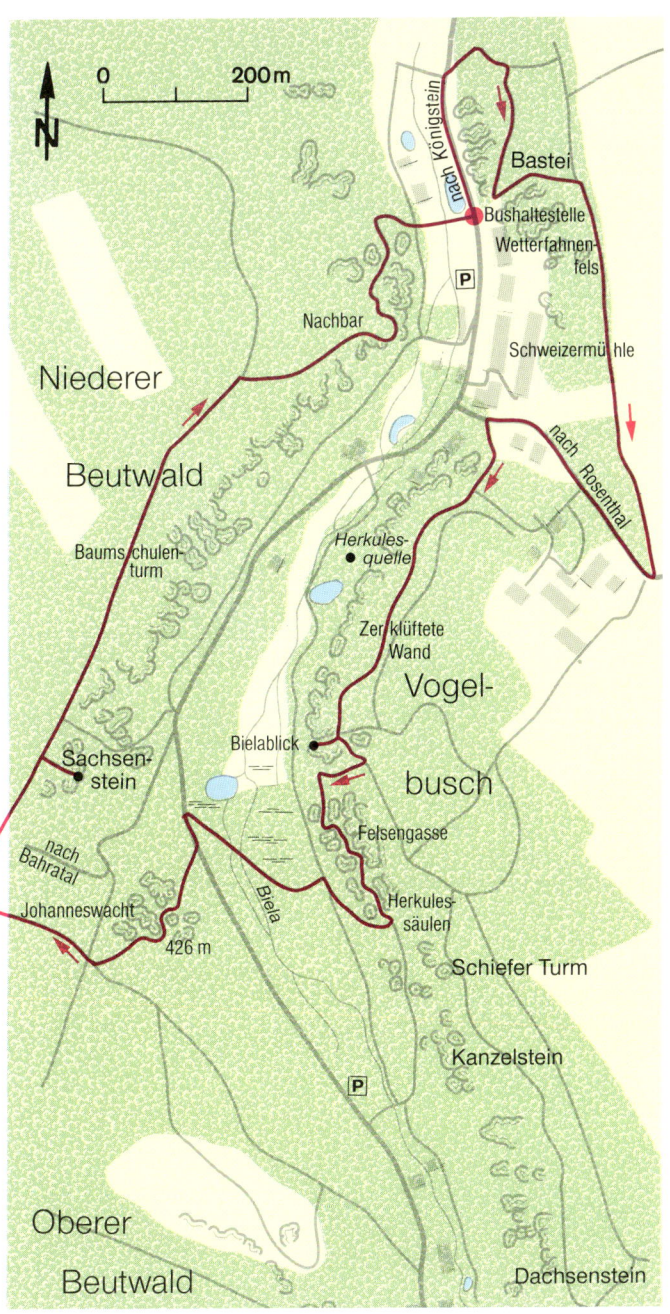

N

0   200 m

nach Königstein

Bastei

Bushaltestelle

Wetterfahnen-
fels

Nachbar

Schweizermühle

Niederer

Beutwald

nach Rosenthal

Baumschulen-
turm

Herkules-
quelle

Zerklüftete
Wand

Vogel-

Sachsen-
stein

Bielablick

busch

nach
Bahratal

Felsengasse

Biela

Johanneswacht

Herkules-
säulen

426 m

Schiefer Turm

Kanzelstein

Oberer

Beutwald

Dachsenstein

Bielatal siehe Tour 13.

Tourenbeschreibung Von der *Bushaltestelle Schweizermühle* ausgehend – hier befindet sich eine Übersichtstafel – folgen wir der Straße etwa 200 Meter Richtung Bielatal, biegen dann rechts ab (gelber Punkt). Steil bergauf, an folgender Gabelung des Pfades rechts und hinauf zum *Aussichtspunkt Bastei*.

Unser Hauptweg führt nun, die Abzweigungen zum Bertablick, Gedächtnishain, Wetterfahnenfels und Rosengarten passierend, leicht ansteigend zum nahen Waldrand, zieht nach rechts und trifft auf die nach Rosenthal führende Straße. Ihr folgen wir nach rechts zu Tal und biegen wenige Meter vor Erreichen der nach Königstein führenden Straße links ab.

Steil bergauf, an folgender Gabelung rechts. Steinpfeiler einer alten Wegbefestigung säumen den Pfad. Er erreicht nach etwa 400 Metern zur Rechten den *Bielablick* mit der charakteristischen, aus der Romantik stammenden *Turmruine*.

Wir folgen dem Hauptpfad nun etwa 50 Meter, biegen rechts ab, steigen etwa 50 Meter steil zu Tal und biegen links ab. Durch die *Felsengasse* wandernd erreichen wir nach etwa 250 Metern den Aussichtspunkt mit Blick auf die berühmten Herkulessäulen.

Der Weg zieht nun nach rechts, führt durch ein Feuchtgebiet, quert die Biela und trifft auf die nach Königstein führende Straße. Ihr folgen wir etwa 30 Meter nach links, biegen dann rechts ab. Steil bergauf über Stufen, Felsen, durch eine enge, schmale Kluft und schließlich über Leitern hinauf zum Aussichtspunkt *Johanneswacht*.

Der Pfad erreicht dann nach etwa 100 Metern einen breiten Forstweg (grüner und gelber Punkt). Ihm folgen wir nach rechts und queren die *Rosenthaler Straße*. Bald bietet sich ein Abstecher zur *Sachsensteinaussicht* rechts des Weges an, dann wandern wir ein kurzes Wegstück durch dunklen Fichtenwald, biegen in der folgenden Linkskurve des breiten Weges rechts ab (der grüne Punkt folgt weiter dem breiten Weg), erreichen auf dem schmaleren Weg nach etwa 200 Metern den Fels *Nachbar* und wandern zur *Bushaltestelle* zurück.

46 Vom Lichtenhainer Wasserfall zum Kuhstall im Neuen Wildenstein

Verkehrsmöglichkeiten Der Lichtenhainer Wasserfall liegt etwa acht Kilometer von Bad Schandau entfernt an der Kirnitzschtalstraße. Endstation der in Bad Schandau abfahrenden Kirnitzschtalbahn. Haltestelle der Buslinie Dresden – Bad Schandau – Hinterhermsdorf.

Parkmöglichkeiten Parkplatz am Lichtenhainer Wasserfall.

Wegmarkierungen Roter Punkt bis Anschluß roter Strich.

Tourenlänge 3 Kilometer.

Wanderzeit 1½ Stunden.

Höhenunterschiede 170 Höhenmeter.

Wanderkarte 1:25000 Blatt 45 Sächsische Schweiz/Bad Schandau, Sebnitz.

Wissenswertes Der *Neue Wildenstein* war zwischen 1409 und 1451 Wohnsitz der böhmischen Raubritter Berken von Duba. Um 1455 wurde die Burg durch Feuer zerstört. Heute sind nur noch Mauerreste und Spuren der Balkenbefestigung zu sehen.

Die eigentliche Attraktion im Neuen Wildenstein ist der *Kuhstall,* ein Felsentor von 11 Metern Höhe, 17 Metern Breite und 24 Metern Tiefe. Im Dreißigjährigen Krieg flüchteten viele Menschen mitsamt ihrem Vieh in das damals abgelegene Tor. Daher der Name Kuhstall. Schon zu Beginn des 19. Jahrhunderts war er ein beliebtes Ausflugsziel. Die Gaststätte besteht seit 1853.

Lichtenhainer Wasserfall siehe Tour 22.

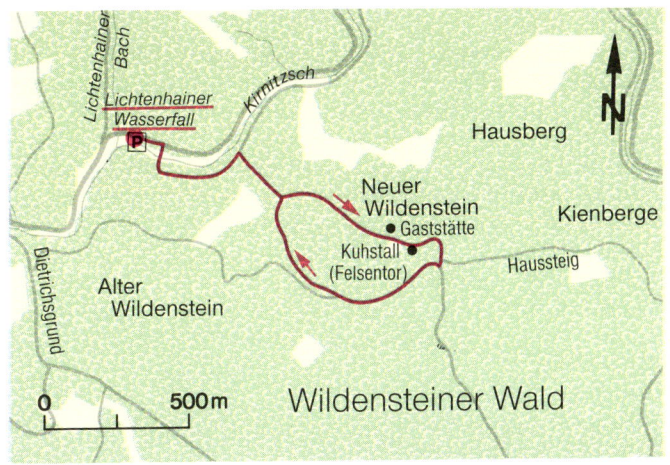

195

Tourenbeschreibung Vom *Parkplatz* ausgehend überschreiten wir die *Kirnitzsch* und wenden uns nach links (roter Punkt). Auf dem *Seibtweg* wandern wir stetig bergauf und erreichen nach etwa 600 Metern die Gabelung nahe beim Münzborn. Wir halten uns links. Nach weiteren 300 Metern zieht der breite Weg scharf nach links. Wir biegen rechts ab, steigen auf schmalem Weg über Stufen steil bergauf in den *Neuen Wildenstein* und betreten den *Kuhstall.*

Von der Aussicht blicken wir gen Süden zu den Affensteinen. Wir wenden uns nach links, schlüpfen durch einen kleinen *Tunnel* und steigen die 108 Stufen der schmalen *Himmelsleiter* in äußerster Enge zur *Hauptburg* hinauf, die wir nun erkunden können. In westlicher Richtung finden wir Treppen und steigen hinab. Zum Abstieg darf die Himmelsleiter nicht benutzt werden.

Wir passieren die *Gaststätte* und erreichen wieder den Eingang zum Kuhstall. Durch die *Nasse Schlucht* (Wegweiser: Abstieg-Anschluß Lichtenhainer Wasserfall, roter Strich) steigen wir über Treppen steil bergab, schlüpfen durch einen langen, engen Spalt und erreichen eine Kreuzung. Hier rechts und weiter talwärts (roter Strich). An der nächsten Kreuzung halten wir uns wieder rechts und erreichen über den *Hinteren Kuhstallweg* die bereits bekannte Kreuzung beim Münzborn. Hier scharf links und zurück zum *Lichtenhainer Wasserfall.*

47 Eine Kahnfahrt auf der Oberen Schleuse

Verkehrsmöglichkeiten Die Obere Schleuse liegt etwa drei Kilometer südöstlich von Hinterhermsdorf an der Grenze zur Tschechischen Republik. B 6 bis zum Fischbacher Kreuz und weiter über Stolpen, Sebnitz und Saupsdorf oder B 172 bis Bad Schandau und weiter durch das Kirnitzschtal. Busverbindung über Bad Schandau und Pirna mit Dresden, über Saupsdorf mit Sebnitz und über Ottendorf mit Sebnitz.

Parkmöglichkeiten Parkplatz »Buchenparkhalle« am ausgeschilderten Weg zur Oberen Schleuse.

Wegmarkierungen Blauer Strich bis zur Oberen Schleuse, roter Strich bis zum Wettinplatz, dann grüner Strich bis Anschluß blauer Strich.

Tourenlänge 5 Kilometer.

Wanderzeit 1½ Stunden.

Höhenunterschiede 150 Höhenmeter.

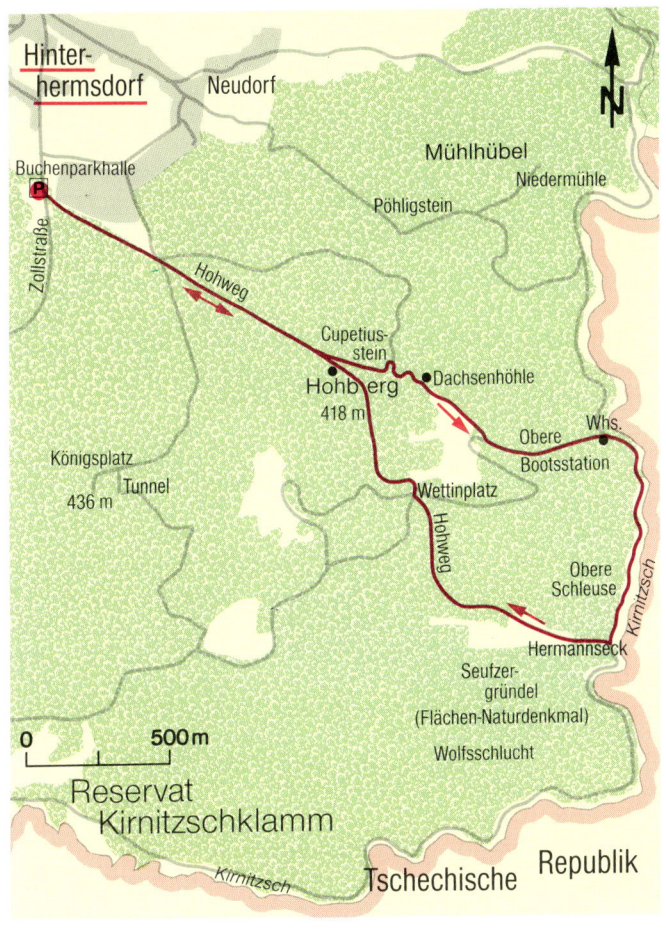

Wanderkarte   1:25 000 Blatt 45 Sächsische Schweiz/Bad Schandau, Sebnitz.

Wissenswertes   Die *Obere Schleuse* entstand 1567 als hölzerne Stauanlage. 1816/17 wurde sie durch ein steinernes Stauwerk ersetzt. Die heutige Anlage stammt von 1931. Sie staut die Kirnitzsch auf 700 Metern Länge. Ursprünglich diente sie als Sammelbecken für Holzstämme. Beim Öffnen der Schleuse verwandelte sich die Kirnitzsch in einen reißenden Fluß und schwemmte das Holz talwärts. Flößer begleiteten es auf dem Weg zur Elbe. Touristische Bootsfahrten finden seit 1879 statt. Zwanzig Minuten lang gleitet man auf einem Kahn durch eine beeindrukkende, urwüchsige Naturlandschaft. Sogar der Eisvogel wurde bereits wieder gesehen. Unterhalb der Oberen Schleuse erstreckt sich das von der Hohwiese ausgehende *Seufzergründel*. Hier wurden unter anderem Diopside, Zirkone, Spinelle, Hyazinthe und kleine Safire gefunden. Das Gelände steht als Flächennaturdenkmal unter besonderem Schutz. Die Kirnitzschklamm ist als Totalreservat ausgewiesen und darf nicht betreten werden. Die Bäume ragen bis zu 50 Meter in die Höhe und sind bis zu 300 Jahre alt.

Anmerkungen In der Saison finden Kremserfahrten zur Oberen Schleuse statt. An Feiertagen muß mit Wartezeiten gerechnet werden. Falls die Bootsstation geschlossen ist, können wir dem hoch über der Kirnitzsch verlaufenden Uferpfad folgen.

Tourenbeschreibung Vom *Parkplatz Buchenparkhalle* auf dem *Hohweg* geradewegs in den Wald (blauer Strich). Nach etwa 1200 Metern erreichen wir eine Gabelung. Wir wenden uns links zu Tal, queren einen mit grünem Strich markierten Wanderweg und passieren die *Dachsenhöhle*. Weiter stetig talwärts zur *Oberen Bootsstation* der *Oberen Schleuse*.

An der *Unteren Bootsstation* angekommen folgen wir der roten Strichmarkierung zum *Hermannseck*. Den bequemeren Aufstieg über eine Treppe erreichen wir zuerst. Wenig später führt die äußerst steile und enge *Himmelsleiter* empor. Sie ist nur sehr schlanken Menschen ohne Gepäck zu empfehlen.

Vom Ende der *Himmelsleiter* ausgehend passieren wir die *Schlegelhütte* und das Ende der erwähnten Treppe, halten uns nun rechts und erreichen einen breiten Weg, dem wir bis zum *Wettinplatz* folgen.

Wir wandern dicht an der *Hütte* am *Wettinplatz* vorbei, biegen links ab (grüner Strich). Bergauf und an der folgenden Gabelung links (unmarkiert). Wir wandern am *Cupetiusstein* vorbei und auf dem bekannten *Hohweg* (blauer Strich) zum Ausgangspunkt zurück.

Anschriftenverzeichnis

Verband Deutscher Gebirgs- und Wandervereine e. V.
Wilhelmshöher Allee 157–159, D-34121 Kassel

Deutsche Wanderjugend
Tannenweg 22, D-71364 Winnenden

Deutscher Alpenverein
Von-Kahr-Straße 2–4, D-80997 München

Europäische Wandervereinigung e. V.
Wilhelmshöher Allee 157–159, D-34121 Kassel

Touristenverein »Die Naturfreunde«, Bundesgruppe Deutschland e. V.
Hedelfinger Straße 17–25, D-70327 Stuttgart

Deutsches Jugendherbergswerk
Im Gilde Zentrum
Bad Meinberger Straße 1, D-32760 Detmold

Deutsches Jugendherbergswerk, Landesverband Sachsen e. V.
Popowstraße 7, D-09116 Chemnitz

Nationalparkverwaltung Sächsische Schweiz
An der Elbe 4, D-01814 Bad Schandau

Landesfremdenverkehrsverband Sachsen e. V.
Friedrichstraße 24, D-01067 Dresden

Fremdenverkehrsverband Sächsische Schweiz e. V.
Zehistaer Straße 9, D-01796 Pirna

Kurort Rathen an der Elbe   (Foto: Michael Klees)

Untere Bootsstation der Tycha souteska (Edmundsklamm) in der Tschechischen Republik (Foto: Norbert Forsch)

Wichtiger Hinweis

Da Jugendherbergen und Wanderheime zum Teil während der Woche und zu bestimmten Zeiten des Jahres geschlossen sind, empfiehlt der Verlag, sich frühzeitig vor Beginn einer Wanderung mit den genannten Häusern in Verbindung zu setzen und die folgenden Angaben nur als Hinweis zu betrachten und sich zum Planen – besonders einer längeren Wanderung – die neuesten Verzeichnisse zuzulegen.

Jugendherbergen in der Sächsischen Schweiz

Bad Schandau-Ostrau
Dorfstraße 14, D-01814 Bad Schandau-Ostrau

Hohnstein
Am Markt 1, D-01848 Hohnstein

Königstein
Halbestadt 13, D-01824 Königstein

Oberoderwitz
Zur Lindenallee 5, D-02791 Oberoderwitz

Schöna »Zirkelsteinhaus«
Am Zirkelstein Nr. 109b, D-01814 Schöna

Wandern mit offenen Augen

(Bilder entnommen aus »Der große Natur- und Landschaftsführer«, Mairs Geographischer Verlag, Stuttgart.)

a

Lärche *(männliche und weibliche Blütenzapfen)*

♀

Tanne *(Zapfen, männliche und weibliche Blüten, a Zapfenspindel)*

♂

Tannenmeise

Haubenmeise

Kiefer

Fichte

Fichtenkreuzschnabel *(Weibchen)*

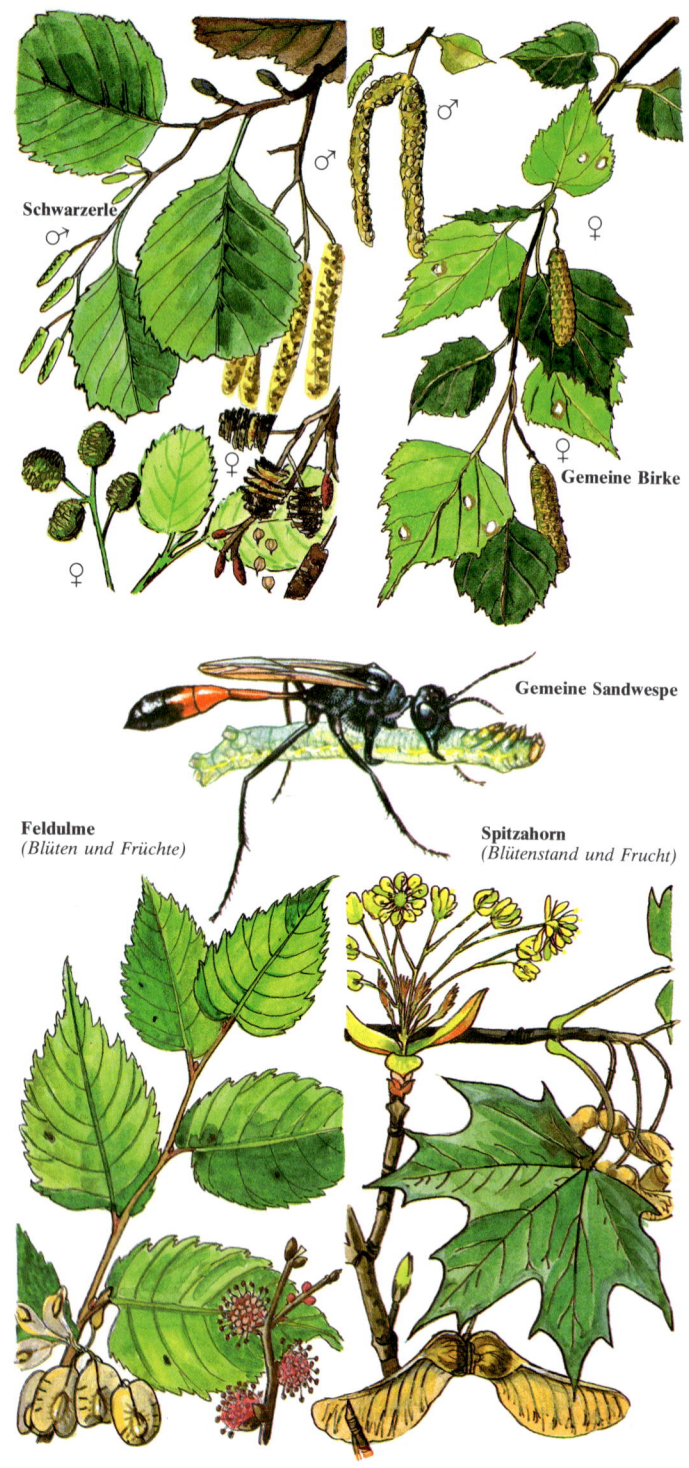

Schwarzerle
♂

♂

♀

♀

♀ **Gemeine Birke**

♀

Gemeine Sandwespe

Feldulme
(Blüten und Früchte)

Spitzahorn
(Blütenstand und Frucht)

Die Vogeluhr

Die Vögel des Waldes erwachen nicht alle gleichzeitig. Sie halten pünktlich ihre Zeiten ein, so daß sich eine »Vogeluhr« ergibt. Der Hausrotschwanz z.B. meldet sich 75 Minuten vor Sonnenaufgang zuerst; ihm folgen Singdrossel, Amsel (63 Minuten), Rotkehlchen (57 Minuten), Kuckuck (55 Minuten), Zaunkönig (48 Minuten) und Buchfink (29 Minuten). Kurz vor Sonnenaufgang kommen Zilpzalp, Specht und Kleiber. Star und Grünfink lassen sich Zeit bis nach Sonnenaufgang.

Buchfink
(Männchen)

Grünspecht
(Männchen)

Hausrotschwanz
(Männchen)

Amsel
(Männchen)

Grünfink

Rotkehlchen

Star
(Männchen in Frühjahrsfärbung)

Feldsperling

…Der größte Langschläfer unter den Vögeln ist aber – man sollte es nicht glauben – der sonst so flinke und vorlaute Sperling.

**wandern +
radwandern**

**Die zuverlässigen, tausendfach bewährten Wegweiser
mit der Marke ›Kompass‹ und dem roten Punkt**

Die schönsten Wanderungen

Albrandweg
Allgäu
Allgäuer Alpen
Altmühltal/
   Frankenalb Süd
Bayerischer Wald
Berchtesgadener Land
Bergisches Land
Bodensee
Dresden
Eifel (gesamt)
Eifel 1:
   Ahrgebirge/Osteifel
Eifel 2:
   Naturpark Hohes
   Venn – Eifel
Eifel 3:
   Vulkaneifel – Südeifel
Erzgebirge

Fränkische Schweiz/
   Frankenalb Nord
Großer Fränkische-
   Schweiz-Führer
Harz
Hohenlohe
Hunsrück
Lüneburger Heide
Mainwanderweg
Mark Brandenburg
Münsterland
Niederrhein
Oberbayern I/West
Oberbayern II/Ost
Oberlausitz
Odenwald
Ostseeküste/Rügen
Pfalz

Großer Pfalz-Führer
Rhön mit Vogelsberg
Saarland
Sächsische Schweiz
Sauerland
Schwäbische Alb
Schwarzwald Mitte
Schwarzwald Nord
Schwarzwald Süd
Schwarzwaldhöhenwege
Spessart
Stuttgart mit Schönbuch
Taunus
Teutoburger Wald
Thüringer Wald
VVS-Wanderführer
   Region Stuttgart

Wandern in Europa

E 1: Flensburg –
   Genua
E 5: Bodensee – Adria
Harz-Niederlande-
   Wanderweg

Kärnten
Kanarische Inseln
Osttirol
Salzburger Land
Teneriffa

Tirol
Trentino II West
Vogesen Nord
Vogesen Süd
Vorarlberg

Freizeit Spezial

Erlebnisurlaub Allgäu
Erlebnisurlaub Bayerische Alpen
Erlebnisurlaub Bayerischer Wald
Erlebnisurlaub Bodensee
Erlebnisurlaub Chiemsee – Königssee
Erlebnisurlaub Eifel
Erlebnisurlaub Elsaß
Erlebnisurlaub Gardasee
Erlebnisurlaub Harz
Erlebnisurlaub Kärnten

Erlebnisurlaub Lüneburger Heide
Erlebnisurlaub Mosel – Nahe
Erlebnisurlaub Nordfriesland/Inseln
Erlebnisurlaub Ostfriesland/Inseln
Erlebnisurlaub Pfalz
Erlebnisurlaub Rügen
Erlebnisurlaub Schwäbische Alb
Erlebnisurlaub Schwäbischer Wald
Erlebnisurlaub Schwarzwald
Erlebnisurlaub Thüringer Wald
Erlebnisurlaub Toskana

Die schönsten Radtouren

Radeln in Europa

Wegweiser

DEUTSCHER WANDERVERLAG

Dr. Mair & Schnabel & Co. · Stuttgart

KOMPASS
Wanderführer
Thüringer Wald
Thüringer Schiefergebirge
Wandern mit Hildegard und Wolfgang Frey

Y Vereinte

Wanderführer
Thüringer Wald

Wandern im Thüringer Wald, Thüringer Schiefergebirge sowie auf dem Rennsteig in 6 Etappen. Ausgewählt und beschrieben von *Hildegard* und *Wolfgang Frey.*

Wanderführer Ostseeküste
Rügen und Usedom

Rund- und Streckenwanderungen im Klützer Winkel, zwischen Salzhaff und Warnow-Mündung, in der Rostocker Heide und auf Rügen. Beschrieben von *Hildegard* und *Wolfgang Frey.*

Wanderführer Mecklenburg
und Vorpommern

Rund- und Streckentouren um Schwerin, im Mecklenburgischen Hügelland, Großseenlandschaft, Neustrelitzer Kleinseenplatte, Neubrandenburg. Ausgewählt, begangen und beschrieben von *Hildegard* und *Wolfgang Frey.*

Wanderführer
Mark Brandenburg

48 Rund- und Streckentouren auf den Spuren Theodor Fontanes. Beschrieben von *Hildegard* und *Wolfgang Frey.*

Wanderführer Oberlausitz

Schöne Rund- und Streckentouren in der Stille der Bergwälder in mäßigen Höhen. Ausgewählt, abgewandert und beschrieben von *Walter Sprigade.*

Erlebnisurlaub
Thüringer Wald

Reisetips, Radtouren und Wanderungen. Die schönsten Ausflugsziele im grünen Herz Deutschlands. Von *Hildegard Frey.*

Wanderführer Harz

Rund- und Streckentouren sowie Naturlehrpfade durch die vielgestaltige Landschaft von Goslar bis Sangerhausen. Ausgewählt und beschrieben von *Richard Goedeke.*

Wanderführer Erzgebirge

55 Rund- und Streckentouren. Ausgewählt, begangen, beschrieben und fotografiert von *Hans-Gerd Türke.*

Radwanderführer
Thüringer Wald

und Thüringer Schiefergebirge. Die schönsten Rund- und abgeradelt und beschrieben von *Hildegard* und *Wolfgang Frey.*

Erlebnisurlaub Rügen

Reisetips, Rad- und Wandertouren. Die schönsten Ausflüge entlang der Kreidesteilküste, zu Sehenswürdigkeiten in vielgestaltiger Landschaft. Von *Hildegard Frey.*

Deutsche
Wanderjugend

gemeinsam unterwegs

Die Deutsche Wanderjugend (DWJ) ist die Jugendorganisation des Verbandes Deutscher Gebirgs- und Wandervereine. Die jugendlichen Mitglieder von sechs bis 25 Jahren pflegen natürlich das Wandern in kind- und jugendgerechten Formen. Die Deutsche Wanderjugend wanderte schon lange aus Freude an der Natur und aus Spaß, bevor das „Volkswandern" erfunden wurde. Die Kinder und Jugendlichen bei der Wanderjugend lernen, wie man richtig wandert, erfahren alles über eine wandergerechte Ausrüstung von den Wanderschuhen bis zum Rucksack und üben den Umgang mit Kompass und Karte.

Wandern ist aber nur ein Teil der Aktivitäten. Die Jugendarbeit der Deutschen Wanderjugend umfaßt ein viel breiteres Angebot. Die Jugendgruppen der Wanderjugend legen die Inhalte und Schwerpunkte ihrer Arbeit selbst fest. Im Rahmen einer sinnvollen aktiven Freizeitgestaltung werden in der Gruppenarbeit oft musisch-kulturelle Aktivitäten bevorzugt: Basteln, Werken, Pantomime, Laienspiel, kreatives Gestalten, Singen und Instrumentalspiel, Volkstanz. Die vielfältige Bildungs- und Jugendarbeit der Deutschen Wanderjugend erstreckt sich auf Freizeiten, Fahrten, Zeltlager, Lehrgänge zur politischen Bildung, internationale Jugendbegegnungen.

Eine wichtige Aufgabe stellt der aktive Natur- und Umweltschutz für die Wanderjugend dar. Dabei steht v. a. die Erziehung und Bildung der Kinder und Jugendlichen zum umweltbewußten Menschen im Vordergrund.

Wer mehr über uns, die DWJ, wissen will, schreibt an die

DWJ-Bundesgeschäftsstelle, Tannenweg 22, D-71364 Winnenden